Der Text dieses Buches entspricht den Regeln der neuen deutschen Rechtschreibung.

Impressum

ISBN 3-572-01304-6

Gesamtgestaltung und Produktion: Büro Norbert Pautner, München
Textbeiträge: Annette Doms, André Ruo
Umschlaggestaltung: Norbert Pautner

Druck: Těšínská Tiskárna, CZ-Český Těšín

817 2635 4453 6271
04 03 02 01

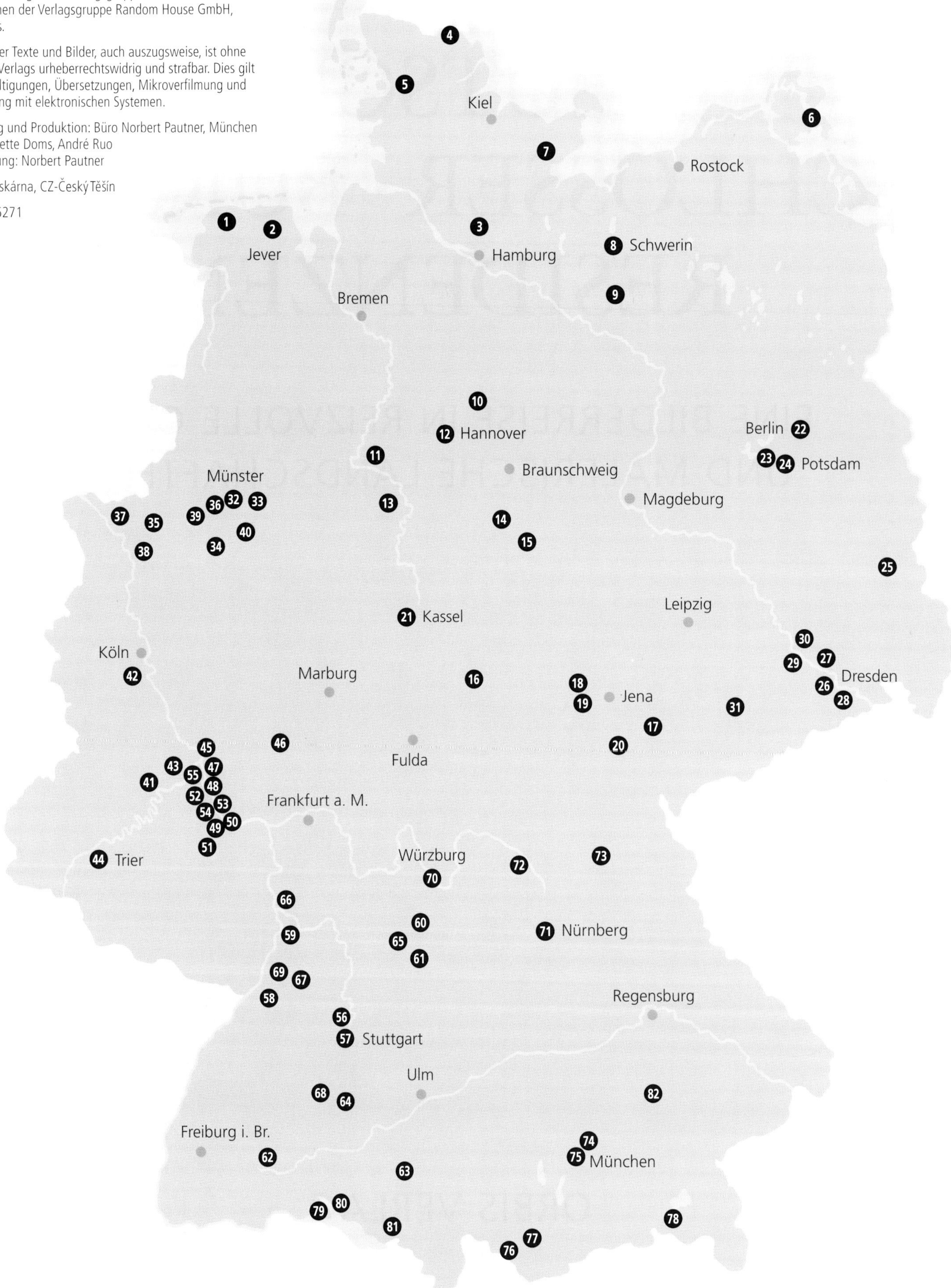

Inhaltsverzeichnis

Legende

1. Norderburg, Dornum
2. Schloss Jever
3. Schloss Ahrensburg
4. Schloss Glücksburg
5. Schloss Husum
6. Schloss Granitz
7. Schloss Eutin
8. Schloss Schwerin
9. Residenzschloss Ludwigslust
10. Schloss Celle
11. Schloss Bückeburg
12. Schloss Herrenhausen
13. Hämelschenburg
14. Kaiserpfalz Goslar
15. Schloss Wernigerode
16. Wartburg
17. Greiz
18. Residenzschloss Weimar
19. Grünes Schloss, Weimar
20. Rudolstadt
21. Wilhelmshöhe
22. Schloss Charlottenburg
23. Sanssouci
24. Sanssouci, Neues Palais
25. Schloss Branitz
26. Zwinger, Dresden
27. Moritzburg
28. Schloss Pillnitz
29. Albrechtsburg
30. Elbschlösser bei Dresden
31. Augustusburg
32. Erbdrostenhof
33. Residenzschloss Münster
34. Schloss Nordkirchen
35. Schloss Raesfeld
36. Schloss Hülshoff
37. Schloss Anholt
38. Schloss Lembeck
39. Burg Vischering
40. Schloss Westerwinkel
41. Reichsburg, Cochem
42. Augustusburg, Brühl
43. Burg Eltz
44. Kurfürstliches Palais, Trier
45. Burg Runkel
46. Schloss Weilburg
47. Burg Katz
48. Burg Maus
49. Burg Stahleck
50. Mäuseturm, Bingen
51. Burg Rheinstein
52. Marksburg
53. Pfalzgrafenstein, Kaub
54. Schönburg, Oberwesel
55. Schloss Stolzenfels
56. Schloss Ludwigsburg
57. Neues Schloss, Stuttgart
58. Karlsruher Schloss
59. Heidelberger Schloss
60. Schloss Weikersheim
61. Schloss Langenburg
62. Donaueschingen
63. Neues Schloss, Bad Wurzach
64. Burg Lichtenstein
65. Deutschordensschloss
66. Schloss Mannheim
67. Schloss Bruchsal
68. Burg Hohenzollern
69. Schloss Schwetzingen
70. Würzburger Residenz
71. Nürnberger Burg
72. Neue Residenz, Bamberg
73. Eremitage, Bayreuth
74. Schloss Schleißheim
75. Schloss Nymphenburg
76. Schloss Neuschwanstein
77. Schloss Linderhof
78. Schloss Herrenchiemsee
79. Schloss Mainau
80. Altes Schloss, Meersburg
81. Neues Schloss, Tettnang
82. Burg Trausnitz bei Landshut

HÄUPTLINGSBURGEN UND KAUFMANNSSCHLÖSSER

Norddeutschland

Im entlegenen flachen Norden Deutschlands herrschte seit dem frühen Mittelalter ein bestimmter Bautypus vor. Aus den alten Wehranlagen mit dem charakteristischen Turm, die ab dem 10. Jahrhundert in sumpfigen Niederungen, auf Halbinseln oder inmitten künstlich gestauter Gewässer errichtet wurden, entstanden in der Renaissance prächtige Wasserschlösser, die zum Teil in barocker und klassizistischer Zeit erweitert und unter Einbeziehung der alten Wehranlagen mit Gartenlandschaften umgeben wurden. Eine barocke Pracht wie im Süden Deutschlands wird man hier jedoch vergeblich suchen: Im schon früh protestantischen Norddeutschland widmeten die Bauherren den Kirchen, Gemeinde- und anderen Profanbauten die gleiche Aufmerksamkeit wie ihren Residenzen.

◀ Der massige Bergfried erinnert noch an die einstige Festung der Häuptlinge von Jever. Das Schloss wurde unter der letzten unabhängigen Regentin des Jeverlandes, Gräfin Maria im 16. Jahrhundert zu einer repräsentativen Residenz ausgebaut.

Norderburg

Wasserschloss Dornum

Die Norderburg, heute ein barocker Vierflügelbau, entstand aus einer trutzigen Häuptlingsburg, von denen es in der »Herrlichkeit« Dornum Ende des 14. Jahrhunderts drei gab. Errichtet wurde sie als Sitz der Familie Attena. Die Umgestaltung der Norderburg von 1668–1717 zu ihrer heutigen Form wird Haro Joachim von Closter zugeschrieben, der zu den mächtigsten Lehnsherren seiner Zeit gehörte. Nachdem das Gebäude im 19. Jahrhundert in öffentlichen Besitz kam und modernisiert wurde, finden sich die Spuren der ursprünglichen Anlage nur mehr in vermauerten Renaissancefenstern, Mauerwerk aus unterschiedlichen Bauphasen sowie in zahlreichen älteren Bauinschriften, versteckten historischen Wappensteinen und Medaillons. Die malerische Anlage wird heute als Schule genutzt.

◀ Gegen Ende der barocken Umbaumaßnahmen wurde der Ostflügel des Schlosses angefügt. Aus dieser Zeit stammt auch das reich mit Pilastern und Blumengehängen geschmückte Portal, auf dem zwei Kriegerfiguren thronen.

▲ Die Norderburg ist das einzige ostfriesische Wasserschloss, das noch vollständig von Wasser umgeben ist. Bis heute ist die Anlage entweder über eine Holzbrücke, die den äußeren Burggraben überspannt, oder vom Schlosspark her über den Hauptgraben zu betreten. Der kleine Park, der das Schloss umgibt, wurde im 19. Jahrhundert angelegt.

▲ Über dem eingeschossigen Torhaus mit den gliedernden Putzbändern sticht in markanter Dominanz der 1736 vollendete barocke Helmaufsatz des Bergfriedes heraus. An der Ausführung des mit hohen Pilastern gegliederten Tambours und mit einer abschließenden Zwiebel gestalteten Entwurfs von Bauingenieur J. von Rössinger waren der Zimmermeister Spanhoff, Kupferschmied J. A. Warnitz und Malermeister H. G. Biltzing beteiligt.

▶ Im so genannten Zwinger findet sich das Prunkstück von Schloss Jever: Den alten Herrensaal ließ die Regentin Gräfin Maria (1500–1575), die Jever 1536 die Stadtrechte verlieh und so den Grundstein zu einem blühenden Handelsort legte, zu einem repräsentativen Audienzsaal ausbauen. Die eichenhölzerne Kassettendecke mit ihren stark profilierten Feldern, aus denen hölzerne Schlusssteine hängen, wird der Schule des Antwerpener Meisters Cornelius Floris zugeschrieben.

Schloss Jever

Barocke Häuptlingsburg

Die Entstehungsgeschichte der ehemaligen Häuptlingsburg in Jever geht bis ins 14. Jahrhundert zurück. Die Hauptbauzeit der heute unregelmäßig erscheinenden Schlossanlage fällt jedoch ins 15. und beginnende 16. Jahrhundert. 1734 erhielt der mächtige Schlossturm seine barocke Kuppel. Zu Beginn des 19. Jahrhunderts wurde die einst durch verschiedenartige Giebel belebte Fassade schließlich durch ein bis heute erhaltenes romanisierendes Gewand ersetzt. Hauptsehenswürdigkeit im Inneren des Vierflügelbaus ist der Audienzsaal mit seiner großen Kassettendecke (1560–1564). Seit 1921 befindet sich im Schloss das Heimatmuseum.

Schloss Ahrensburg

Herrensitz für einen Grundbesitzer

1578–1585 für den Großgrundbesitzer Peter von Rantzau als befestigter Herrensitz in direkter Konkurrenz zu Schloss Glücksburg errichtet ist Schloss Ahrensburg die letzte Bauschöpfung des so genannten »Goldenen Rantzauischen Zeitalters«: Die weit verzweigte und einflussreiche Familie Rantzau verfügte im 16. Jahrhundert über gewaltigen Grundbesitz und mehr als 70 Herrenhäuser in ganz Schleswig-Holstein. 1759 wurde das bis

▲ Mit den drei zusammenhängenden Giebelhäusern folgt Schloss Ahrensburg der landestypischen Bautradition befestigter Gutshäuser. Die Ecken stärken schlanke, polygonale Türme mit luftigen Laternenaufsätzen, und symmetrisch angeordnete Sprossenfenster gliedern den sonst schlicht gehaltenen Wandaufbau.

dahin wallbewehrte Wasserschloss an die Familie Schimmelmann verkauft, die es im Stil des Spätbarock umgestaltete, was heute vor allem in den prächtigen Innenräumen, aber auch in der Gartenanlage spürbar ist. Die äußere Gestalt des Schlosses jedoch wurde 1938/1939 im Zuge der Umbaumaßnahmen zu einem Museum in ihrem ursprünglichen Renaissancecharakter wiederhergestellt.

Schloss Glücksburg

Perle der norddeutschen Renaissance

Als eines der schönsten Beispiele schleswig-holsteinischer Renaissancearchitektur gilt das Wasserschloss Glücksburg. Von dem Baumeister Nikolaus Karies 1583–1587 an Stelle eines ehemaligen Zisterzienserklosters unter Herzog Johann d. J. von Sonderburg (1559–1622) erbaut nimmt der mächtige Backsteinbau sowohl außen als auch innen den traditionellen Bautyp des schleswig-holsteinischen Herrenhauses in Form dreier zusammenhängender Giebelhäuser auf, die an vier Ecken hier durch mächtige Achtecktürme verstärkt wurden. Bis 1779 diente Glücksburg als Sitz des Hauses Sonderburg. Seit 1824 im Besitz der Linie Sonderburg-Beck, wurde es im 19. Jahrhundert von den dänischen Monarchen als Sommerresidenz genutzt. In dieser Zeit erhielt das Schloss eine Orangerie und später ein Planetarium. Schloss Glücksburg wird noch heute von fürstlichen Nachfahren bewohnt, das Schlossmuseum zeigt kostbare Gobelins, Ledertapeten und Gemälde.

▲ Der See wurde bereits im 16. Jahrhundert zum Fischfang aufgestaut. Die einzige Verbindung zum Schloss führt über einen Damm, der mit dem zur gleichen Zeit errichteten Wirtschaftshof verbunden ist.
Den Namen »Glücksburg« erhielt das Schloss nach dem Wahlspruch seines Erbauers Herzog Johann d. J. über dem Eingangsportal: »Gott gebe Glück mit Frieden«.

▶ Das auf quadratischem Grundriss angelegte Wasserschloss mit seiner schmucklosen, weiß verputzten Fassade entspricht im Wesentlichen noch dem Originalzustand. Doch muss man sich die Glücksburg, deren einzige Wandgliederung die Rechteckfenster sind, lebendiger vorstellen, denn die ursprünglich mit geschweiften Sandsteinrahmen verzierten Zwerchhäuser wurden abgenommen und Anfang des 20. Jahrhunderts in stark vereinfachter Form wieder aufgebaut.

▲ Die Anlage des Husumer Schlosses ist bis heute noch teilweise von tiefen Wassergräben umgeben. Der den Hauptbau beherrschende Treppenturm ragt aus allen Richtungen sichtbar über die Satteldächer der schlicht gehaltenen Backsteinanlage heraus.

Schloss Husum

Amtmannshaus in Nordfriesland

Das Schloss vor Husum, 1577–1582 an der Stelle eines aufgelösten Franziskanerklosters durch Herzog Adolf von Schleswig-Holstein-Gottorf als Nebenresidenz errichtet, diente 1613–1694 als Witwensitz und wurde 1751/1752 zur Wohnung des Amtmannes von Husum umgebaut. Die frühere Dreiflügelanlage im Stile der niederländischen Spätrenaissance zeigt sich seitdem als zweigeschossiger Ziegelbau mit kurzen Seitenflügeln, Satteldächern auf schlichten Giebeln über den Schmalseiten und mit rechteckigem Mittelturm. Nur vier Prachtkamine aus Alabaster und Sandstein von der Hand des Bildhauers Henni Heidtrider und das »Cornilsche Haus« von 1612 vermitteln noch eine Ahnung von der einstigen Pracht.

▶ Im Innenhof von Schloss Husum spürt man deutlich die Dominanz des gewaltigen Treppenturms, der aus dem Mittelbau der breiten, backsteinernen Dreiflügelanlage nach vorne tritt. Der typisch nordische Turmaufsatz wurde 1980 nach dem ursprünglich holzkupfernen Turmhelm gemeinsam mit dem Turmobergeschoss rekonstruiert. Die Sandsteinbänder dienen der Wandgliederung.

Schloss Granitz

Eine »Ritterburg« auf Rügen

Ein pittoreskes Jagdschloss errichtete 1836–1844 der Berliner Steinmeyer, Schüler von Schinkel, auf dem 107 m hohen Tempelberg auf Rügen. Auftraggeber war Fürst Malte I. von Putbus, der in der umliegenden Granitz sein Jagdrevier unterhielt. Der Backsteinbau wurde auf einem beinahe quadratischen Grundriss angelegt, dem vier Ecktürme angefügt wurden, und gilt als hervorragendes Beispiel einer neoromanisch-gotisierenden Schlossarchitektur. Im Innenhof befindet sich der nach den Entwürfen von Schinkel (1781–1841) erbaute Aussichtsturm. Das Innere, das nur kurz als Gästehaus diente, wurde auf zwei Geschossen prunkvoll stuckiert, das Erdgeschoss aufwändig gekachelt.

◀ Über 154 durchbrochene Stufen gelangt man auf den 38 m hohen Aussichtsturm. 1844 wurde diese steile, gusseiserne Wendeltreppe nach Plänen von Schinkel errichtet. Die lediglich auf Konsolen stehenden Stufen sind mit einem Gitterornament geschmückt.

▲ Das romantisch anmutende Schloss Granitz in voller Pracht: Zinnen schmücken die vier Ecktürme. Aus der Mitte ragt der imposante Aussichtsturm hervor, der nach Entwürfen von Schinkel errichtet wurde. Rundbogige Fenster sowie ein plastisches Konsolenfries gliedern den Aufbau der Schlossfassade. Fürst Malte I. von Putbus hat sein Schloss nie bewohnt, sondern es als Gästehaus benutzt.

▲ Schloss Eutin erhielt seine heutige Gestalt im Wesentlichen durch die Umbaumaßnahmen des Baumeisters R. M. Dallin in den Jahren 1716–1727. Der runde Turm mit der geschweiften Haube stammt noch aus der Zeit um 1485/1486. Er stand ursprünglich frei und wurde erst Mitte des 17. Jahrhunderts an den Südwestflügel angebunden. Unter Herzog Peter Friedrich Wilhelm, der einen bestehenden Barockgarten umgestaltete und dabei den Eutiner See mit einbezog, entstand 1788–1803 der erste englische Landschaftsgarten Schleswig-Holsteins, der sich im Wesentlichen bis heute erhalten hat.

▶ Die Detailansicht zeigt das vierte Geschoss des schräg aus dem Westflügel hervorspringenden Torturmes. Es wurde um 1720 durch Dallin auf dem im Laufe der Jahre immer größer gewordenen Unterbau mit Dreiecksgiebel und abschließender Laterne errichtet. Darunter befindet sich ein Rustika-Portal aus dorischen Säulen.

Schloss Eutin

Musenhof der Holsteinischen Schweiz

Schloss Eutin, in dem jahrhundertelang die Fürstbischöfe von Lübeck residierten, kann auf eine lange Geschichte zurückblicken, die 1260–1270 mit dem Bau einer ersten steinernen Wasserburg unter Johann von Tralau begann, ihre Blütezeit unter Fürstbischof August als kulturelles Zentrum Norddeutschlands erlebte und ab 1803 mit der Nutzung als Sommerresidenz der Herzöge von Oldenburg endete. Die heutige vierflügelige Anlage entstand im Laufe des 17. Jahrhunderts durch die Zusammenfügung von einzeln stehenden Gebäuden. Darauf deuten auch die verschieden gestalteten Portale innerhalb des trapezförmigen Schlosshofes hin. Das Schloss, das von einem breiten Graben umgeben ist und inmitten eines englischen Landschaftsparks liegt, dient seit 1918 als Heimatmuseum und besitzt die größte Porträtsammlung in Norddeutschland.

▲ Beinahe 700 Arbeiter waren zeitweilig beim Bau von Schloss Schwerin beschäftigt. Zum Vorbild nahmen sich der Bauherr und die zahlreichen Architekten und Planer das berühmte Schloss Chambord. Und tatsächlich verweisen die vielen runden Türme mit den steilen Turmdächern, die auffälligen Dacherker sowie die Stilelemente der italienischen Renaissance, die auch im französischen Schlossbau übernommen wurden, auf das große Vorbild an der Loire.

▶ Die repräsentativsten Räume im Schloss birgt die so genannte Festetage mit dem Thronsaal, dem Rauchzimmer und der Ahnengalerie: Hier finden sich die Porträts aller vom 14. bis zum 19. Jahrhundert in Mecklenburg-Schwerin regierenden Herzöge. Hier am besten zu sehen Heinrich IV. Herzog zu Mecklenburg († 1477).

Schloss Schwerin

Mecklenburger Machtzentrum

Schon seit 1358 residierten (mit kurzen Unterbrechungen) die Mecklenburger Herzöge auf einer Insel inmitten von Schwerin. Das heutige Schloss ließ Großherzog Friedrich Franz II. in den Jahren 1843–1857 unter Einbeziehung älterer Gebäude errichten. Die reich verzierte architektonische Bauhülle umschließt einen fünfeckigen Innenhof und trägt die Handschriften der Architekten G. A. Demmler und H. Willebrand, deren Studienreisen nach Frankreich, England und Süddeutschland der Großherzog aus eigener Schatulle bezahlte. Auch Friedrich August Stüler (1800–1865) und Gottfried Semper wirkten seit 1851 mit. So entstand eine vieltürmige Anlage, die Stilmerkmale der Gotik, der Renaissance und des Barock vereinigt und den Stil der Neorenaissance ins Pittoreske treibt. Seit 1990 ist das Schloss Sitz des Landtages.

Residenzschloss Ludwigslust

Barocke Pracht in der Abgeschiedenheit

Herzog Friedrich der Fromme wollte seine Residenz von Schwerin ins beschauliche Ludwigslust verlegen, riss das dort bestehende bescheidene Jagdschloss seines Vaters Christian II. Ludwig ab und ließ ab 1764 eine ganz neue Anlage samt Hofkirche, Wirtschaftsgebäuden und Alleestraßen durch den Baumeister Johann Joachim Busch errichten. Der antikisierende Tempelbau der Hofkirche (ab 1765, heute die Stadtkirche) und der mit sächsischem Sandstein verkleidete Hauptbau (1772–1776) beherrschen einander gegenüberliegend die gesamte Anlage. In den Innenräumen der Hofkirche und in der Beletage des Schlosses haben sich die prächtigen Interieurs nahezu originalgetreu erhalten. Sie wurden vorwiegend aus Papiermaschee, dem so genannten »Ludwigsluster Carton«, gefertigt und werden aufwändig restauriert. Der umliegende Landschaftspark, der größte Schlosspark des Landes Mecklenburg, wurde 1852–1860 nach Plänen von Peter Joseph Lenné (1789–1866) angelegt.

◀ Das prägende Element des Schlossplatzes ist die imposante Kaskade, die von der Wehr und dem Kanal gespeist wird. Der böhmische Bildhauer Rudolph Kaplunger, der auch die 40 Attikastatuen des Schlosses entwarf, schuf 1775 diese monumentale Figurengruppe. Zwei Flussgötter halten hier, umgeben von spielenden Puttengruppen, das mecklenburgische Wappen. Die Götter symbolisieren die Mecklenburger Flüsse Stör und Rögnitz, die der Schlosskanal miteinander verband.

▲ Das im spätbarocken Klassizismus erbaute Schloss Ludwigslust, das der zur gleichen Zeit barock angelegten Kleinstadt ihren Namen gab, diente nur kurz von 1764 bis 1837 als Residenz der Herzöge von Mecklenburg.
Die dreieinhalbgeschossige, mit Kolossalpilastern gegliederte Fassade weist sieben Achsen auf, von denen die drei mittleren den erhöhten Mittelbau ausbilden.
Auf der abschließenden Attikazone stehen neben Vasen 40 überlebensgroße Statuen, die Personifikationen von Künsten, Tugenden und Wissenschaften darstellen.
Zur Gartenseite hin treten Mittelbau sowie die schmalen Seitenflügel der Gartenseite stark hervor und beschreiben einen E-förmigen Grundriss.

VON SALIERN, WELFEN UND DER DEUTSCHEN KLASSIK

Mitteldeutschland

Als Heinrich III. im 11. Jahrhundert den Palas zu Goslar erbauen ließ, schuf er wohl eine der ersten Residenzen Deutschlands. Die Wartburg, immer wieder Schauplatz historischer Ereignisse, bringt die Zeit des Hochmittelalters nahe, in der auch der Aufstieg der Welfen begann, die sich im 17. Jahrhundert die gigantische Anlage von Herrenhausen errichteten. Der einzigartige, märchenhafte Baustil der Weser-Renaissance ist durch die Hämelschenburg vertreten. Die Residenz von Weimar und das Grüne Schloss aber waren die Wiege der deutschen Klassik und des Klassizismus. Und ohne die deutschen »Dichter und Denker« hätte es wohl auch die Romantik und den Historismus nicht gegeben – und ohne sie keine Wartburg und keine Kaiserpfalz zu Goslar, die wir heute bestaunen können.

◀ Mittelalterlich anmutendes Fachwerk, und doch fast ein Neubau aus dem 19. Jahrhundert: Graf Otto zu Stolberg-Wernigerode gab ab 1862 einen historisierenden Neubau in Auftrag, um seinen rasanten Aufstieg innerhalb der preußischen Regierung zu dokumentieren.

▲ Der Ostflügel des ehemaligen Wasserschlosses in Celle hat als Einziger die leichte Gestalt bewahrt, die seine Baumeister F. Soltesburg und M. Claren für ihn vorsahen. Die den Baukörper betonenden, mehreckigen Ecktürme stammen ebenfalls aus dieser Zeit. Die verbleibenden drei Flügel tragen die Handschrift des Venezianers Bedogni, der sie 1660–1680 nach den Vorstellungen von Herzog Georg Wilhelm barock ausgestaltete.

▶ In der detaillierten Ansicht des Ostflügels zeigt sich die repräsentative Fassadengestaltung unter Herzog Ernst dem Bekenner im Stile der deutschen Frührenaissance: Wandgliedernde Horizontalbänder, die schlichten Rechteckfenster, die am Südostturm angebrachten Porträtmedaillons sowie die vielen rundbogig abschließenden Zwerchhäuser. In den spitzbogigen Fenstern am Kapellenturm hingegen ist noch die Hofkapelle zu erkennen, die zu den bedeutendsten Zeugnissen norddeutscher Renaissance gehört.

Schloss Celle

Residenz der Braunschweiger

Das Schloss Celle war von 1378–1705 Residenz der Herzöge von Braunschweig und Lüneburg. Aus der wehrhaften Burganlage, die 1292 unter Herzog Otto dem Strengen errichtet wurde, entstand gegen Ende des 15. Jahrhunderts unter Friedrich dem Frommen eine vierflügelige Schlossanlage. 1530–1558 wurde die Residenz als eine der ersten Norddeutschlands im Renaissancestil ausgestaltet und unter dem letzten Lüneburger Herzog Georg Wilhelm Ende des 17. Jahrhunderts nach Plänen der italienischen Architekten Bedogni und Arghini im Barockstil ausgebaut. Herausragend sind die Schlosskapelle und das 1674 errichtete Hoftheater, das heute wieder bespielt wird.

Hämelschenburg

Meisterwerk der Weser-Renaissance

Die nahe Hameln gelegene Hämelschenburg gilt heute mit ihrem reich wuchernden Fassadendekor aus Werkstein, den zahlreichen Zwerchhäusern und der mit Säulen geschmückten Hoffassade als Perle unter den Bauwerken der Weser-Renaissance. Jürgen von Klencke – politisch engagiert und humanistisch gebildet – ließ das Wasserschloss ab 1588 als Herrensitz oberhalb eines bereits bestehenden Wirtschaftshofes erbauen. Die Gesamtkonzeption der Dreiflügelanlage, die 1618 vollendet wurde, wird dem aus Hameln stammenden Baumeister Cord Tönnis zugeschrieben. Sowohl die Wassergräben als auch die Innenausstattung haben sich vollständig erhalten.

▶ Über die Brücke gelangt man vorbei an dem schräg gestellten Wohnflügel mit dem bruchsteinernen Unterbau in den Innenhof der Hämelschenburg. Dieser wird durch die vielen Zwerchhäuser, die zwei achteckigen Treppentürme in den Ecken des Hofes und die aufwändigen Steinmetzarbeiten geprägt.

▲ Die Hämelschenburg ist nur über eine steil ansteigende Brücke, die über den Schlossteich führt, zu erreichen. Das triumphale Rundbogenportal stammt von 1613. Auf der schlichten Fassade sticht das reiche, flächengliedernde Renaissancedekor der Giebel und Zwerchhäuser deutlich hervor. Obwohl im 19. Jahrhundert bei Umbauten der ursprüngliche Putz abgeschlagen wurde, bleibt die Hämelschenburg eine der schönsten Anlagen aus der Blütezeit der Weser-Renaissance.

▲ Die imposanteste der deutschen Kaiserpfalzen des Hochmittelalters war die von Kaiser Heinrich II. gegründete Pfalz in Goslar. Sein Sohn Heinrich III. machte daraus eine Anlage, in deren Mittelpunkt der zweigeschossige Palas stand. Der gewaltige Saalbau, der nur die engsten Mitglieder des Reise-Hofstaates aufnahm, diente in erster Linie der Repräsentation von Macht.
Die daran anschließende (moderne) Galerie stellt eine Verbindung zur Ulrichskapelle her, in der das Grabdenkmal von Heinrich III. zu finden ist. Die Fassadengliederung mit ihren vielen Rundbögen und -friesen und den an Triforien erinnernden Fenstern geht auf staufische Umbauten im 12. Jahrhundert zurück.

▶ Der Zugang zum Palas führte einst durch eine große Torhalle hindurch in das mit einer Bodenheizung ausgestattete Erdgeschoss. Die bis heute erhaltenen Strebepfeiler erinnern daran. Später wurde eine monumentale Freitreppe angebaut, die direkt in den großen Reichssaal führte. Dieser befindet sich hinter den dreiarkadigen Fenstern und den auffallenden Bögen des Mittelgiebels und wurde während der Rekonstruktion 1879–1897 mit einem 47 m langen Wandgemälde ausgestaltet.

Kaiserpfalz Goslar

Salisches Machtzentrum

Kaiser Heinrich II. ließ zu Beginn des 11. Jahrhunderts in der Nähe einer reichen Silbererzlagerstätte eine Pfalz bauen, für die eine erste Reichsversammlung für das Jahr 1009 belegt ist. Kaiser Heinrich III. errichtete Mitte des 11. Jahrhunderts darüber einen mächtigen romanischen Saalbau, der in dem heutigen Gebäude, das 1868–1879 durch die preußische Regierung teils restauriert, teils in freier Neuschöpfung gestaltet wurde, noch deutlich zu erkennen ist. Als Lieblingsresidenz der salischen Reisekaiser wurde Goslar schnell zu einem der wichtigsten Pfalzstandorte und war Schauplatz von mehr als hundert Reichstagen, aber auch ein Zentrum des christlichen Glaubens: Die dem Palast angeschlossene Doppelkapelle St. Ulrich (Mitte des 11. Jahrhunderts), nach dem Vorbild der Aachener Pfalzkapelle im oktogonalen Grundriss errichtet, zeugt davon.

Schloss Wernigerode

Märchenburg im Harzvorland

Bereits im 12. Jahrhundert legten die späteren Grafen von Wernigerode eine Burganlage an, die bis zum 16. Jahrhundert zu einer massiven Festung erweitert, 1671–1676 dann im Stil des Barock umgebaut wurde. Das heutige Schloss entstand 1862–1883 unter dem Grafen Otto, Vizekanzler unter Bismarck und 1890 gefürstet, der den Architekten Carl Frühling mit einem historisierenden Repräsentationsbau beauftragte, der für den gesamten norddeutschen Raum stilbildend wirken sollte. In dieser Zeit entstanden die Schlosskirche, der Saalbau mit Ritterhalle und Festsaal, das Treppenhaus sowie der massige Bergfried.

◀ Die Stadt Wernigerode ist vor allem wegen ihrer herrlichen Fachwerkbauten berühmt, die jedoch im Gegensatz zu den Gebäuden im Innenhof des Schlosses noch bis in das 15. Jahrhundert zurückgehen. Der Architekt Carl Frühling ließ sich von dem idyllischen Fachwerk inspirieren und setzte es großflächig als Gestaltungselement ein.

▶ Als Hauptwerk des Historismus im Harz-Gebiet gilt Schloss Werningerode. Der neugotische Bergfried und die vielen Türmchen, Erker und Giebel verleihen dem Bau den Anschein einer zünftigen mittelalterlichen Ritterburg. Im Inneren lassen sich jedoch auch die Spuren der regen Bautätigkeit früherer Zeit immer noch finden.

▲ Hinter der dreitorigen Halle, die in die Wartburg führt, erstreckt sich an der Ostseite der fachwerkgesäumte Elisabethengang, der der mächtigen Wehrmauer im 14./15. Jahrhundert aufgesetzt wurde. Die Kemenate und der Bergfried hingegen sind historisierende Neubauten aus der Mitte des 19. Jahrhunderts. Das Kreuz auf dem massigen Bergfried symbolisiert die Bedeutung der Wartburg für die Reformation.

▶ In der Vorburg drängen sich Fachwerkbauten aneinander, die im Zuge des historisierenden Aufbaus noch erweitert wurden. Eines der reizvolleren Beispiele ist der so genannte Nürnberger Erker. Dieser neugotische Erker wurde 1872 an die Vogtei angebaut. Im zweiten Stock des kleinen Gebäudes aus dem 14. Jahrhundert lebte und arbeitete der Reformator Martin Luther.

Die Wartburg

Minnesänger und Lutherstube

Die mächtige Wartburg bei Eisenach ist in ihrem Ursprung eine mittelalterliche Territorialburg der Landgrafen von Thüringen, die ab 1067 erbaut und im Laufe der folgenden Jahrhunderte deutlich erweitert und befestigt wurde. Nachdem sie seit dem 16. Jahrhundert zur Ruine verfallen war, wurde die Anlage ab 1833 unter der Leitung von Hugo von Ritgen (1811–1889) im Auftrag von Großherzog Carl Alexander von Sachsen-Weimar und Eisenach teils restaurierend, teils historisierend wieder aufgebaut. So gehört der Palas von 1150 mit seinen Lauben und der angeschlossenen Kapelle zu den besterhaltenen Profangebäuden der Spätromanik. Die Wartburg dient heute als lebendiges Museum für die höfische Kultur des Mittelalters und birgt zahlreiche Kunstwerke aus dieser Zeit.

▲ Die kleine Residenzstadt Greiz des Fürstentums Reuß wird gern als »Perle des Vogtlandes« bezeichnet. Nahtlos fügt sich das Untere Schloss in das innerstädtische klassizistische Ensemble aus der Zeit nach dem großen Stadtbrand 1802. 1885/1886 wurde der Südflügel mit seinem markanten Zwiebelturm angefügt, er ist heute Sitz des Heimatmuseums. Daneben erhebt sich die Stadtkirche St. Marien.

▶ Die Hauptfront des zweieinhalbgeschossigen, frühklassizistischen Sommerpalais, das versteckt im Greizer Park liegt, wird durch einen dreiachsigen, flachen Mittelrisalit mit bekrönendem Dreiecksgiebel gegliedert. Den Giebel füllen ein Wappen der Familie Reuß sowie schmückende Fruchtgebinde. Hinter dem Balkon befindet sich der große Festsaal. Die kleine Freitreppe vor dem rundbogigen Portal wird von zwei tönernen Jägerfiguren, die um 1900 geschaffen wurden, flankiert.

Greiz

Die Residenzen der Reußer Fürsten

Das Obere Schloss in Greiz wurde in den Jahren 1540–1546 auf Resten einer älteren Burg aus dem 13. Jahrhundert erbaut. Zwischen 1705 und 1764 erfolgte ein weiterer, schrittweiser Ausbau der Burg zu einer mehrflügeligen Anlage auf einem fast elliptischen Grundriss. Nachdem der gewaltige Bau beim großen Stadtbrand von 1802 zerstört wurde, wurde das Schloss zwar wieder aufgebaut, aber als Residenz aufgegeben. Das ab 1564 errichtete, ebenfalls abgebrannte Untere Schloss wurde stattdessen unter Heinrich XIII. klassizistisch erneuert und übernahm fortan die Funktion einer Residenz. Bis zum Tod des letzten Greizer Fürsten Heinrich XXIV. 1927 wurde das Schloss bewohnt. Wenig später richtete sich hier das Kreisheimatmuseum ein.

Das im Greizer Park gelegene Sommerpalais wurde zwischen 1779 und 1789 als »Maison de la belle retraite« der Fürsten Reuß unter Heinrich XI. errichtet. Besonderes Juwel dieses Lustschlosses ist der zweischiffige Gartensaal, dessen prächtig stuckierte Decke der Familie Bossi zugeschrieben wird. Heute birgt das Sommerpalais Kunstsammlungen und die fürstliche Bibliothek. Der umliegende Park, der um 1608 als barocker Lustgarten begonnen wurde, wurde um 1800 in einen englischen Landschaftspark umgewandelt.

Residenzschloss Weimar

Zentrum einer Kulturmetropole

Erstmals 1214 erwähnt, wurde das Schloss von Weimar im Laufe der Jahrhunderte nach mehreren Bränden auf- und umgebaut. Die zwischen 1790 und 1803 nach französischem Vorbild errichtete dreiflügelige Anlage durch die Baumeister J. A. Arens, N. F. Thouret und H. Gentz wurde 1913/1914 durch einen Querbau abgeschlossen. Heute birgt das Schloss die staatliche Kunstsammlung und ist Sitz der Stiftung Weimarer Klassik. Goethe selbst wirkte als treibende Kraft der damaligen Schloss-Baukommission beim Ausbau der klassizistischen Innenräume wie dem Gentz'schen Treppenhaus mit, die zu den Meisterwerken dieser Stilrichtung zählen.

◀ Vor dem klassizistischen Residenzschloss in Weimar ragt der grobe, mittelalterliche Hausmannsturm empor. Der Turm von 1424, der 1729 einen barocken Oberbau erhielt, steht auf Fundamenten aus dem 11. Jahrhundert und ist damit Weimars ältestes Gebäude. Die davor gelegene »Bastille« stammt noch von 1439. Geschossübergreifende Pilaster in dorischer Ordung über einer rustizierten Sockelzone gliedern das neubarock gestaltete Residenzschloss. Die drei Mittelachsen des Eingangsbereiches werden durch Säulen mit aufgesetzter Balustrade und durch den balustrierten-Dachaufsatz betont.

▲ Das Grüne Schloss, seit dem 18. Jahrhundert Sitz der Herzogin-Anna-Amalia-Bibliothek, war einst die bedeutendste Renaissanceanlage in der verspielten Form des Manierismus in Thüringen. Über der kolossalen Pilasterordnung erhebt sich ein hohes Mansardendach. Vor dem Haupteingang steht auf dem Platz der Demokratie auf einem hohen Sockel das überlebensgroße Reiterstandbild von Carl August, dem Sohn und Nachfolger der Herzogin Anna Amalia. Die Statue wurde von Adolf Donndorf im Jahre 1857 gegossen.

Grünes Schloss

Die Herzogin-Anna-Amalia-Bibliothek in Weimar

Das Grüne Schloss in Weimar wurde ursprünglich 1562–1565 als Sitz des Bruders des regierenden Herzogs Johann Wilhelm errichtet. Herzogin Anna Amalia ließ das Gebäude 1761–1766 zur herzoglichen Bibliothek ausbauen und machte diese der Öffentlichkeit zugänglich. Heute ist die Bibliothek mit ihrem großen Bestand von rund 900 000 Bänden und seltenen mittelalterlichen Handschriften eine echte Schatzkammer. Einzigartig ist der dreigeschossige Bibliothekssaal im Stil des späten Rokoko mit seinen zahlreichen Büsten, Gemälden und Globen.

Rudolstadt

Schloss Heidecksburg: Rokoko in Thüringen

Die imposante Heidecksburg geht auf Vorgängerbauten aus dem 13. und 14. Jahrhundert zurück, die als Residenz der Grafen Orlamünde und Schwarzburg dienten. Nach einem Brand im Jahre 1573 ließ Albrecht VII. auf Resten der alten Gemäuer eine dreiflügelige Schlossanlage im Stil der Renaissance errichten. Ab 1737 ermöglichte ein erneuter Brand den barocken Umbau nach Entwürfen des Dresdner Baumeisters J. C. Knöffel (1686–1752). Ab 1743 setzte G. H. Krohne den Innenausbau unter der Beteiligung namhafter Künstler mit einer der schönsten Rokokoausstattungen Thüringens fort. Besonders hervorzuheben ist die reich mit Stuck geschmückte Schlosskapelle von 1757.

◀ Imposant erstreckt sich die schlichte Renaissancefassade von Schloss Heidecksburg auf einem Bergsporn über Rudolstadt. Am Südende des weißen Haupttraktes sticht der grobe, unverputzte barocke Turm mit seiner auffälligen Haube und Laterne von 1744 hervor, der nach den Entwürfen des sächsischen Baumeisters G. H. Krohne errichtet wurde.

▲ Der barocke Westflügel, hier vom Innenhof aus gesehen, verbindet in repräsentativer Weise den Nord- und den Südflügel des Schlosses. Er wird in der Mitte durch einen dreiachsigen Risalit mit breitem Balkon und großen Rundbogenfenstern betont, dessen bekrönenden Abschluss ein Fronton mit abschließendem Fürstenhut ausbildet. Trophäen halten Tafeln mit den Daten der Baugeschichte. Über dem mittleren Fenster ist eine Büste des Bauherrn Fürst Friedrich Anton angebracht.
Im Inneren des Westflügels erstreckt sich auf zwei Geschossen über die gesamte Breite des Baus der Festsaal, den G. H. Krohne im prunkvollen Rokokostil ausstattete.

▲ Schloss Wilhelmshöhe, Sommerresidenz der deutschen Kaiser, beschreibt ein Halbrund, das sich zur Gartenseite hin öffnet. Die Seitenflügel sind durch dorische Säulen und einfache Fenster gegliedert, den oberen Abschluss bildet eine Balustrade. Den Mitteltrakt ziert eine monumentale Säulenvorhalle mit bekrönendem Dreiecksgiebel. Ursprünglich sollten Seitenflügel und Mittelbau durch ein künstliches Ruinenfeld verbunden werden, Kurfürst Wilhelm II. entschied sich dann jedoch für schlichte, zweigeschossige Verbindungsbauten.

▶ Die 1701–1711 angelegten Wasserkünste am Karlsberg bestehen aus einer riesigen Kaskadenfolge, die am oberen Ende mit einem Abschlussbau versehen ist. Auf der höchsten Stelle ragt das Oktogon empor, das von einer 32 m hohen Spitzpyramide gekrönt wird. Auf ihrer Spitze wiederum steht Herkules und stützt sich auf seiner gewaltigen Keule ab, in der acht Personen Platz finden würden. J. J. Anthoni schuf diese Kolossalstatue 1713–1717 als Nachbildung des berühmten Herkules Farnese in Neapel.

Wilhelmshöhe

Sommerfrische der deutschen Kaiser

Die heutige Anlage der Wilhelmshöhe in Kassel stellt trotz ihrer Riesenausmaße nur einen Bruchteil dessen dar, was der barocke Bauherr Landgraf Karl von Hessen-Kassel und sein Baumeister, der 1701 berufene Italiener Giovanni Francesco Guerniero, als Ensemble erdachten, jedoch nie umsetzten. Stattdessen wurde ab 1786 an der Stelle eines ehemaligen Jagdschlosses ein streng klassizistisches Schloss von Simon Louis du Ry (1726–1799) begonnen und bis 1803 durch H. Ch. Jussow vollendet. Die etwas schwerfälligen Verbindungsbauten der Seitenflügel entstanden ab 1829 durch H. Regenbogen. Umgeben wird die Anlage von dem rund 250 ha großen barocken Bergpark mit eindrucksvollen Wasserkünsten.

SACHSENS GLANZ UND PREUSSENS GLORIA

Berlin, Brandenburg und Sachsen

Sachsens größter Bauherr war Kurfürst August der Starke (reg. 1694–1733). Der sinnenfrohe und durch die Silbervorkommen unermesslich reiche Wettiner machte seine Residenz Dresden und ihre Umgebung gemeinsam mit seinem Baumeister Matthäus Daniel Pöppelmann zu einer Kulturmetropole von europäischem Rang. Im Agrarland Brandenburg sorgten die aufstrebenden Herrscher Preußens spätestens im 18. Jahrhundert für zahlreiche Bauaufträge. Die Liste ihrer Baumeister liest sich wie das Who's who der deutschen Baukunst: Eosander von Göthe, Andreas Schlüter, Wenzeslaus von Knobelsdorff, Karl Schinkel, Friedrich August Stüler und Peter Joseph Lenné schufen Klassiker der Architekturgeschichte.

◀ Klein – aber fein: Das 1720 begonnene Lustschloss Pillnitz bei Dresden gehört zu den Juwelen der sächsischen Schlossbaukunst. Pöppelmann schuf eines der frühesten Beispiele für die Verwendung so genannter chinesischer Formen in der Baukunst des Barock.

Schloss Charlottenburg

Berliner Sommerresidenz der Kurfürstin Sophie

Der Schlosskomplex von Charlottenburg entwickelte sich aus einem kleinen Sommersitz, den sich Sophie Charlotte, Gattin von Kurfürst Friedrich III., seit 1695 in palladianischen Formen hatte erbauen lassen. Nachdem Friedrich 1701 die Königswürde erlangt hatte, beauftragte er Eosander von Göthe (1670–1729) mit Umbauarbeiten, die Charlottenburg in einen standesgemäßen Herrschersitz verwandeln sollten. Ein Kuppelturm wurde aufgesetzt, durch die Anfügung von Seitenflügeln ein Ehrenhof geschaffen und ein Orangerietrakt angebaut. Mit dem Neuen Flügel nach Plänen von G. W. von Knobelsdorff (1699–1753) hatte das Schloss seinen heutigen Umfang erreicht.

▶ Sowohl die Einzelformen, wie beispielsweise der von Dreiviertelsäulen getragene Giebel des Mittelrisalits, als auch die Klarheit im Gesamtaufbau der Fassade des Corps de Logis weisen auf Einflüsse des englischen Neopalladianismus hin. Die Architektur bildete einen würdigen Rahmen für zahlreiche Festlichkeiten, unter denen der Empfang für den großen Feldherrn und Türkenbezwinger Prinz Eugen von Savoyen besonders hervorzuheben ist. Bis zum Tode der hoch begabten und vielseitig interessierten Sophie Charlotte war das Schloss auch ein Brennpunkt des intellektuellen Lebens.

◀ Der für seine Entstehungszeit ungewöhnliche Kuppelturm, heute eines der Wahrzeichen Berlins, wurde dem Mittelbau erst in den Jahren 1710–1711 aufgesetzt. Der Architekt von Göthe verstand es, den Kuppeltambour stilistisch der bereits vorhandenen Bausubstanz anzupassen. Die vergoldete Fortunastatue wurde nach dem Zweiten Weltkrieg von dem bedeutenden Bildhauer Richard Scheibe neu geschaffen und dient heute kurioserweise als »Wetterfahne«.

Sanssouci

»Sommerhaus« mit Garten

Schloss Sanssouci ist kein Staats- und Repräsentationsbau, sondern Ergebnis der persönlichen Sehnsüchte des Preußenkönigs Friedrich II. Fernab aller staatsmännischen Verpflichtungen wollte der Monarch in einem kleinen Landhaus seinen geistigen und musischen Neigungen nachgehen – daher gab er ihm den Namen »Sanssouci«, ohne Sorge. Der freigeistige König lieferte selbst die Vorentwürfe zu seinem kleinen Refugium, das unter der Leitung des Architekten G. W. von Knobelsdorff in den Jahren 1745–1747 auf einem künstlichen Weinberg errichtet wurde. Aufgrund ihrer kunst- und kulturgeschichtlichen Bedeutung wurden Schloss und Park Sanssouci von der Unesco zum Weltkulturerbe erklärt.

◀ Das Chinesische Teehaus ist ein Resultat der Chinamode, die im 18. Jahrhundert in ganz Europa verbreitet war. J. G. Büring erbaute es in den Jahren 1754–1756 nach den Vorstellungen Friedrichs II. Um einen zentralen Saal gruppieren sich kleeblattförmig drei Nebenräume, zwischen denen offene Säulenhallen eingefügt sind. Die Gestaltung der Säulen in der Form von Palmen gibt dem Bau ein exotisches Flair, ebenso wie die zahlreichen vergoldeten, lebensgroßen Chinesenfiguren, unter denen der auf der Dachlaterne sitzende Mandarin die auffälligste ist.

▲ Schloss Sanssouci befindet sich auf der obersten Terrasse eines Weinbergs, der 1744 angelegt wurde. Die Mitte des eingeschossigen Baus wird durch eine Kuppel auf ovalem Grundriss betont. Fenstertüren leiten direkt von den Innenräumen ins Freie über und stellen somit eine enge Verbindung zwischen Natur und Architektur her. Auch die in die Fassade applizierten Bacchantenfiguren nehmen Bezug auf den Weinberg.

◀ Das Neue Palais in Potsdam wurde nach den traditionell-konservativen Vorstellungen des Königs als Dreiflügelanlage mit Ehrenhof erbaut. An die Hauptfront schließen sich zwei niedrigere Seitenfronten an. Dominant sticht die große Mittelkuppel aus der Hauptfront hervor, der sich die zwei kleineren Kuppeln auf den seitlichen Anbauten unterordnen. Im Westen des Palais wurden 1766–1769 die Communs angefügt und betonen noch einmal den barocken Gesamteindruck.

Sanssouci – Neues Palais

Spätwerk des friederizianischen Rokoko

Das Neue Palais ist mit einer Länge von 260 Metern das größte Gebäude Potsdams. König Friedrich II. ließ es im Stil des spätbarocken Klassizismus durch die Baumeister Büring, Legeay und – nach einer Baupause aufgrund des Siebenjährigen Krieges – ab 1763 von Carl Philipp von Gottard errichten. Der bis 1769 vollendete Prachtbau, den Friedrich bei der Fertigstellung als »Fanfaronade« (Angeberei) bezeichnete und nie bewohnte, gilt als Hauptwerk des Spätstils der friederizianischen Rokokoarchitektur. Bei der Konzeption bediente man sich Stichwerken zur Architektur des 17. und frühen 18. Jahrhunderts, auch die Einflüsse holländischer Architektur sowie die Andrea Palladios lassen sich entdecken. Die dazugehörigen Communs sind ebenfalls reine Schauarchitektur: Hinter ihrer Fassade verbargen sich die Wirtschaftsräume.

▲ Die zur Hälfte im Wasser eines Teiches »versunkene« Seepyramide kennt in ganz Europa keine Parallele. Hermann von Pückler-Muskau, der 1871 starb, wurde in ihr beigesetzt. Dreizehn Jahre später fand auch seine Frau Lucie, die bereits 1854 gestorben war, hier ihre letzte Ruhestätte. Am Ufer gegenüber wurde eine Freitreppe angelegt, die den Übergang über den Fluss Styx symbolisieren soll – demnach wird das Seeufer als das Reich der Lebenden, die Seepyramide hingegen als das Land der Toten verstanden.

Schloss Branitz

Gartenjuwel in der Niederlausitz

Schloss Branitz in Cottbus wurde 1772 für den Grafen August Heinrich von Pückler errichtet. Sein Nachfahre Fürst Hermann von Pückler–Muskau (1785–1871), gleichzeitig ein berühmter Gartenarchitekt, ließ den Herrensitz ab 1846 durch Gottfried Semper (1803–1879) um- und ausbauen. Einmalig ist der Schlosspark, den der Fürst zwischen 1846 und 1871 in mehreren Bauabschnitten selbst gestaltete. Dabei ließ er das ursprünglich ebene und sandige Terrain durch Aufschüttungen und künstliche Bewässerung präparieren und schuf einen Landschaftsgarten im englischen Stil, der durch wohl durchdachte und abwechslungsreiche Szenerien besticht.

▲ Der skelettartig ausgehöhlte Wallpavillon des Dresdner Zwingers erscheint eher als überdimensionale Skulptur denn als Werk der Architektur. Die aus je einer Arkade und einem darüber liegenden Fenster bestehenden Achsen des Pavillons sind in stumpfem Winkel aneinander gefügt, genauso wie die Pilaster, die den zu Pfeilern reduzierten Mauern vorgeblendet sind – die so bewirkte Brechung verleiht dem Baukörper den Anschein flirrender Bewegtheit, der durch den überbordenden Skulpturenschmuck Permosers noch erheblich gesteigert wird. Einen Bau von ähnlicher Wirkung hat es nie zuvor gegeben.

▶ Die Spitze der zwiebelförmig geschwungenen Haube des Kronentors wird von einer überdimensionalen Nachbildung der polnischen Königskrone eingenommen – eine Erinnerung daran, dass Kurfürst August der Starke 1697 zum Regenten des Nachbarlandes gewählt worden war. Die Stilprinzipien des Zwingers lassen sich selbst in den kleinen architektonischen Details wiederfinden: Fragmentieren und Schrägstellen der Bauformen, Schichtung der Mauermasse und verwirrend reiche Bauskulptur versetzen die Architektur in lebhafte, vibrierende Bewegung.

Dresdner Zwinger

Festplatz August des Starken

August der Starke war ein Freund rauschender Festivitäten. Da er in seiner Residenzstadt Dresden keinen geeigneten Rahmen für Lustbarkeiten vorfand, ließ er auf einer Freifläche westlich des Stadtschlosses Festbauten aus Holz errichten, die jedoch, wie August im Jahre 1709 befand, seinen Repräsentationsansprüchen dauerhaft nicht genügten. So kam es zur Projektierung eines steineren Festbaus, der modernsten Ansprüchen genügen sollte. Der Architekt Pöppelmann (1662–1736) wurde auf Studienreise in die Metropolen Rom und Wien geschickt und nach dessen Rückkehr 1711 begannen die Arbeiten. In kongenialer Zusammenarbeit mit Balthasar Permoser (1651–1732) entstand bis zum Jahre 1728 dieses Meisterwerk des sächsischen Barock.

Moritzburg

Prächtige Kulisse für die Jagd

Die Moritzburg ist nach Herzog Moritz von Sachsen (reg. 1541–1553) benannt, der sie ab 1542 als Jagdschloss nördlich von Dresden errichten ließ. In der Folgezeit wurde die Anlage immer wieder umgebaut, so errichtete man 1661–1672 eine Kapelle und stockte das in der Mitte des quadratischen Hofes liegende Herrenhaus auf. Das heutige Erscheinungsbild geht auf Umgestaltungsmaßnahmen zurück, die August der Starke seit 1723 durch Pöppelmann durchführen ließ. Der Architekt inszenierte die Moritzburg barock durch den Bau einer Terrasse, errichtete neue Fassaden und fasste das gesamte Geviert durch eine gemeinsame Bedachung zusammen.

◀ Die Balustradenfigur eines Jagdhornisten im Vordergrund weist deutlich auf die frühere Funktion der Moritzburg hin. Auch im Inneren setzen sich die Verweise auf die Jagd fort: Der im Zentrum des Schlosses liegende Steinsaal präsentiert eine berühmte Geweihsammlung, die sich anschließenden Räume, in denen August der Starke seine Hundertschaften von Jägern versammeln ließ, sind mit Ledertapeten verkleidet, die Szenen aus dem Leben der Jagdgöttin Diana und ihrer Entourage darstellen.

▲ Das Erscheinungsbild des Außenbaus der Moritzburg wird vor allem von den vier mächtigen Ecktürmen geprägt, zwischen denen sich die Fassade aufspannt. Die Hauptschauseite wölbt sich ehrenhofartig ein und ist durch einen dreiachsigen Mittelblock ausgezeichnet. Die Mauern sind weitestgehend farblich gegliedert, lediglich der Mittelblock besitzt plastische Zier. Links ist die von Pöppelmann in den Neubau integrierte Kapelle mit ihrem wellenförmig geschwungenen Dach zu erkennen. Der Vergleich der Moritzburg mit den anderen Schlossbauten Pöppelmanns zeigt die verblüffende Vielseitigkeit des Architekten.

◀ »Chinesische« Figurengruppen schmücken die umlaufenden Friese der Hohlkehlen von Berg- und Wasserpalais. Als Vorbild dienten die Malereien auf ostasiatischen Porzellangefäßen, die gerade in Sachsen, das in Meißen die erste Porzellanmanufaktur Europas besaß, weit verbreitet waren. Auch August der Starke besaß als leidenschaftlicher Sammler von Kuriositäten zahlreiche chinesische Kunstgegenstände, die er auch im Dresdner Grünen Gewölbe ausstellte.

▶ Das Wasserpalais bezeugt ein weiteres Mal die Vielseitigkeit des genialen Architekten Pöppelmann: Hatte er mit dem Dresdner Zwinger ein äußerst bewegtes, plastisch modelliertes Architekturgebilde von teilweise verwirrender Formenvielfalt geschaffen, so überzeugt der Pillnitzer Bau durch eine harmonische Proportionierung und die heitere Farbigkeit in Orange und Gelb. Die pagodenartigen Dächer und die Blaumalereien in den Hohlkehlen sorgen für die »indianische« Note, die das exotenbegeisterte 18. Jahrhundert so schätzte.

◀ »Chinesisches« auch im Inneren: Wände und Decken sind mit zahlreichen chinoisen Malereien geschmückt. Zeitgenössische Reiseberichte beschrieben die ostasiatische Welt als ein heiteres, unbeschwertes Arkadien voller Genüsse – eine Vorstellung, die dem sinnenfreudigen 18. Jahrhundert nicht nur sehr entgegenkam, sondern sich in Form einer pittoresken Bilderwelt auch nahezu nahtlos in den verspielten Stil von Spätbarock und Rokoko integrieren ließ.

Schloss Pillnitz

Exotisches Lustschloss am Elbufer

An der Stelle des heutigen Schlosses sollte eine weitaus größere Anlage entstehen, doch Bauherr August der Starke wandte sich dem anderen Projekt, der Moritzburg zu. So blieb es bei den relativ bescheidenen Bauten des Wasser- und Bergpalais, die M. D. Pöppelmann seit 1721 als Lustgebäude schuf. Ihre Gestaltung bezeugt deutlich das damals aufkommende Interesse an chinesischer, oder, wie man zu jener Zeit auch sagte, »indianischer« Kultur. Kurfürst Friedrich August III. erhob Schloss Pillnitz 1765 zur Sommerresidenz, woraufhin in Anpassung an die vorhandenen Bauten das Neue Palais errichtet und die Parkanlage vergrößert wurde. In dem Schloss, das 1924 in Staatsbesitz gelangte, findet sich heute ein Museum für Kunsthandwerk.

▲ Der erste Ottonenkönig Heinrich I. hatte im Jahre 929 auf einem Felsplateau oberhalb einer strategisch bedeutsamen Elbfurt eine Burganlage gegründet – mit der Absicht, die neu erworbenen, den slawischen Völkerschaften abgerungenen Gebiete zu sichern. Nachdem Kaiser Otto I. 968 das Bistum Meißen gegründet hatte, wurde in unmittelbarer Nähe der Burg der Dom errichtet. Geistliche und weltliche Macht wurden so auf engstem Raum durch ein Gebäude-Ensemble repräsentiert, das bis heute die Stadt Meißen beherrscht.

▲ Nachdem für die Porzellanmanufaktur neue Produktionsstätten am Fuße des Burgbergs geschaffen worden waren, konnte man ab 1865 die Innenräume der Albrechtsburg einer grundlegenden Restaurierung unterziehen. Bezeichnend für die Denkmalpflege des 19. Jahrhunderts ist, dass man es dabei stellenweise etwas zu gut meinte: So wurden Rippen und Gewölbe der Großen Hofstube ornamental bemalt und die Wände mit Szenen freskiert, die rein fiktive Begebenheiten aus der Jugend der beiden Wettinerfürsten Albrecht und Ernst wiedergeben.

Albrechtsburg

Porzellanmanufaktur Meißen

Die Albrechtsburg in ihrer heutigen Form verdankt ihre Entstehung dem Aufstieg der Wettiner zu den Kurfürsten von Sachsen. 1471 erteilten die bis 1485 gemeinsam regierenden Brüder Ernst und Albrecht dem Architekten Arnold von Westfalen (ca. 1425–1482) den Auftrag, die bis auf das 10. Jahrhundert zurückgehende Meißener Burg grundlegend neu zu gestalten. Arnold schuf ein Werk, dessen architekturgeschichtliche Bedeutung darin liegt, dass es unter Beibehaltung eines gotischen Formenvokabulars bereits Renaissanceanklänge aufweist. Die Albrechtsburg wurde nie als Residenz genutzt, besondere historische Bedeutung erhält die Burg aber durch die Tatsache, dass im Jahre 1710 hier auf Geheiß Augusts des Starken die berühmte Meißener Porzellan-Manufaktur einzog.

▲ Hoch über der Elbe und zusammen mit der herrlichen Bewaldung des aufsteigenden Loschwitzhangs bieten die Villa Stockhausen (links) und Schloss Eckberg (rechts) ein malerisches Bild. Die über einem Weinberg errichtete Villa Stockhausen wird nach ihrem späteren Besitzer auch Lingner-Schlösschen genannt. Einen gewissen Gegensatz zu dem Bau bildet das benachbarte, romantisch verspielte Schloss Eckberg, dessen Gestalt sich an mittelalterlichen Ritterburgen orientiert.

Elbschlösser

Palais-Ensemble am Elbhang

1803 erwarb der schottische Earl Findlater ein weitläufiges Grundstück mit Weinbergen und Wäldern am Loschwitzhang bei Dresden und machte aus einem kleinen Wohnhaus 1807 ein Sommerpalais.
1850–1854 ließ Prinz Albrecht von Preußen an dieser Stelle nach Plänen des Schinkel-Schülers Adolf Lohse (1829–1907) Schloss Albrechtsberg errichten und umgab den spätklassizistischen Bau mit aufwändigen Terrassen und Treppenanlagen zur Elbseite sowie zahlreichen Kleinbauten und Tempeln.
Die Villa Stockhausen, zur gleichen Zeit ebenfalls von Lohse errichtet, wirkt wie Albrechtsberg in kleinerer Ausführung: Sie wurde für die Hofmarschallin Stockhausen gebaut und ging 1894 in den Besitz des Odol-Fabrikanten Lingner über, der das Schloss nach seinem Tod der Stadt Dresden vermachte.
1858 erwarb der Großkaufmann Souchay einen Teil des Elbhangs und ließ darauf das neugotische Schloss Eckberg im englischen Stil von dem Semper-Schüler C. F. Arnold errichten. 1926 kaufte der Blumenliebhaber von Mayenburg die Anlage und ließ den Park umgestalten.

▶ Schloss Albrechtsberg wird von zwei schlanken, quadratischen Türmen an den Schmalseiten des Schlosses überragt. Die Balustraden der beiden Türme sind mit Figuren und Vasen bekrönt.
Die reich schmückende Gliederung mit Rundbogenfenstern, Reliefplatten, profilierten Gesimsen und der abschließende Zinnenkranz sind typische Elemente des Spätklassizismus.

▲ Die Anlage der Augustusburg wurde von ihren Architekten in strenger Einhaltung der Ideale in den Architekturtheorien der italienischen Renaissance errichtet: Durch einen Zentralbau erhält der Innenhof die Form eines griechischen Kreuzes.
Der Außenbau der auf diese Weise symmetrisch angelegten Vierflügelanlage ist nur grob verputzt und wird besonders an den Portalen und Ecken durch rote Werksteine betont. Zudem gliedern zahlreiche Zwerchhäuser und Türme den Dachbereich.

▶ Das Hofportal des südlichen Torflügels aus dem Jahre 1614, flankiert von zwei Pilastern, trägt über der Attika zwei Löwen, die das kursächsische Wappen halten. Zu beiden Seiten des Portals erinnern die reich verzierten Schrifttafeln an die Renovierungsmaßnahmen im Schloss unter Kurfürst Johann Georg I. (1585–1656).

Augustusburg

Renaissance-Jagdschloss bei Chemnitz

Kurfürst August I. befahl 1567 den Bau eines Jagdschlosses, das mächtiger sein sollte als die Moritzburg seines Vorgängers, auf dem Schellenberg bei Chemnitz. Die Bauleitung lag zuerst in den Händen des Leipziger Bürgermeisters Hieronymus Lotter, der jedoch bald wegen Untreue entlassen wurde, dann in der Verantwortung von Rochus von Lynar, der das Schloss 1572 fertig stellte. Im 18. Jahrhundert wurde die mächtige Renaissanceanlage, die längst nicht mehr benutzt wurde, in vereinfachter Form wiederhergestellt und diente fortan als Verwaltungsgebäude und Gefängnis. Heute sind einige Museen sowie eine Jugendherberge darin untergebracht. Der Bauherr August I. ist in einem Altarbild in der prächtigen Schlosskapelle verewigt, das von Lucas Cranach d. J. (1515–1586) stammt.

WASSERSCHLÖSSER UND WESTFÄLISCHER BAROCK

Münsterland

Aus Mangel an natürlichen Erhebungen wurden im Münsterland bereits im frühen Mittelalter die Burgen zumeist inmitten eines Gewässers angelegt oder nachträglich mit künstlichen Wasserläufen, den so genannten Gräften, gesichert. Baugeschichtlich unterscheidet man zwei Typen: Während der ältere Typ der kleinen Rundburg nur noch selten zu finden ist, haben spätere Baumeister diesen in einen ovalen oder eckigen Grundriss überführt und weitläufige Anlagen unter Einbeziehung der Wasserläufe konzipiert. Parallel dazu wurde die bis dato vorherrschende Stilrichtung der niederländischen Renaissance barock überformt. Die ganz besondere Form des westfälischen Barock prägte ein Schüler Johann Balthasar Neumanns, der Architekt und Baumeister Johann Conrad Schlaun.

◀ Schloss Raesfeld, während und nach dem Dreißigjährigen Krieg von dem Feldherrn Graf Alexander II. von Velen auf Vorgängerbauten errichtet, gehört zu den herausragenden Beispielen der Wasserschlösser im Münsterland.

▲ Schlaun verstand es meisterhaft, den Erbdrostenhof im Stadtgefüge zu inszenieren: Er stellte den Bau auf die Diagonale eines annähernd quadratischen Grundstücks und schuf somit einen dreieckigen Ehrenhof, der die Fassade, die durch ihren konkaven Schwung den Betrachter gewissermaßen umfängt, in Respekt erheischende Entfernung zur Straße bringt. Der Architekt verband bei seinem Entwurf Stilelemente unterschiedlicher Herkunft aus Rom, Wien und Paris zu einem Gesamtkunstwerk.

Erbdrostenhof

Stadtresidenz in Münster

Der Erbdrostenhof, erbaut in den Jahren 1753–1757 im Auftrage des Freiherrn von Droste-Vischering, ist das Meisterwerk des großen westfälischen Architekten Johann Conrad Schlaun (1695–1773). Mit diesem Prachtbau, der verschiedene Stilelemente des internationalen Barock in einer originellen Synthese vereinigt, versuchte der Auftraggeber dem Landesfürsten Clemens August zu imponieren und gleichzeitig dessen Gunst zu gewinnen, indem er diesem ein Gästeappartement zur Verfügung stellte. Der Erbdrostenhof, lange Zeit ein Brennpunkt des gesellschaftlichen Lebens des Münsteraner Adels, wurde nach seiner Zerstörung im Zweiten Weltkrieg originalgetreu rekonstruiert.

Residenzschloss Münster

Höhepunkt des Spätbarock

Bei dem Bauwerk, das seit 1767 nach Plänen von J. C. Schlaun errichtet wurde, handelt es sich um die letzte große Schlossanlage des Barock. Während sich andernorts bereits der formenstrenge Klassizismus durchzusetzen begann, erlebte die üppige Formenwelt des Spätbarock im Mittelpavillon des Münsteraner Residenzschlosses einen abschließenden Höhepunkt. Das Schicksal des Baus spiegelt die Geschichte der Stadt Münster wider: Der Fürstbischof konnte sein Schloss nie beziehen, nach 1816 wurde es Sitz der neuen preußischen Administration. Die Bombardements des Zweiten Weltkriegs zerstörten die Inneneinrichtung völlig; das Gebäude dient heute als Verwaltungssitz der Universität Münster.

▲ Typisch für die westfälische Barockbaukunst ist die kontrastierende Verwendung von gelbem Sandstein und rotem Backstein, die der Fassade ihre strukturelle Klarheit verleiht. Das Schloss folgt dem Typus der Ehrenhofanlage, wobei die Seitenflügel jedoch zu kurzen Anbauten reduziert sind – ein Hinweis auf den herannahenden Klassizismus. Der Mittelpavillon setzt sich wirkungsvoll von den flachen Seitenmauern ab und erhält durch seine konkav-konvexe Krümmung eine spannungsgeladene Dynamik.

Schloss Nordkirchen

Das »Versailles von Westfalen«

Tatsächlich ähnelt es in der gestaffelten Anordnung seiner Seitenflügel, die sich im rechten Winkel an das Corps de Logis anschließen, dem großen französischen Vorbild. Die Formensprache des Schlosses ist jedoch vom Klassizismus des nahen Holland geprägt. Mit dem Bau von Schloss Nordkirchen wurde im Jahre 1703 im Auftrag des Fürstbischofs Friedrich Christian von Plettenberg begonnen, der hier mit seiner Familie leben wollte. Entwerfender Baumeister war der Münsteraner Hofarchitekt Gottfried Laurenz Pictorius, der 1725 von J. C. Schlaun abgelöst wurde. Schlaun trug insbesondere zur Innenausstattung bei und vollendete die Gesamtanlage im Jahr 1734. Die Parkanlagen gehörten zur Zeit ihrer Entstehung zu den berühmtesten in Deutschland.

◀ Wie bei vielen Barockbauten Westfalens wurden auch in Nordkirchen dem Mauerwerk aus rotem Backstein Teile aus hellem Sandstein zu Gliederungszwecken entgegengesetzt. Der Mittelrisalit mit seiner strengen Komposition aus ionischer Pilasterordnung, Gebälk, Attika und Dreiecksgiebel entspricht der Formensprache des holländischen Barockklassizismus. In französischer Manier wurde, unterstützt durch die mit Löwenfiguren verzierten Pylonen, eine Sichtachse auf das Corps de Logis geschaffen.

▲ Schloss Nordkirchen ist eine barocke Interpretation des althergebrachten Typus der westfälischen Wasserschlossanlage. Der Bau liegt auf einer quadratischen Insel, die von einem ebenfalls quadratischen Teich umgeben ist. Das Wasser des Teiches trennt die Rückseite der Anlage von der so genannten Venusinsel, die als Gartenparterre gestaltet ist.

Schloss Raesfeld

Residenz mit Planetarium

Schloss Raesfeld ist eines der Hauptwerke westfälischer Profanarchitektur des 17. Jahrhunderts. Graf Alexander II. von Velen, der sich im Dreißigjährigen Krieg verdient gemacht hatte, machte das Wasserschloss, das auf das 12. Jahrhundert zurückgeht, zu einer der glanzvollsten Residenzen Westfalens. Kunst und Wissenschaft, insbesondere die Astronomie, erfuhren unter diesem Mäzen intensive Pflege. Dem fürstlichen Anspruch des Bauherrn verschafft die Gestaltung des Gebäudekomplexes Ausdruck: Die Oberburg, die im Wesentlichen von dem Kapuzinerbruder Michael von Gent geschaffen wurde, zeigt die feingliedrige und noble Formensprache der niederländischen Renaissance, wobei der fünfstöckige Eckturm barocke Züge aufweist. Von besonderem Interesse ist die pittoreske Schlosskapelle, die mit ihrem Glockengiebel und der dem Portal vorgelagerten Doppelarkade Stilelemente von Renaissance und Barock vereint.

▶ Das mit einem gedrungenen Rundturm bewehrte Gebäude links hatte sich Graf Alexander I. von Velen ab 1602 als Herrensitz errichten lassen. Sein schlichtes Äußeres zeichnet sich durch die typischen Dreistaffelgiebel aus. Im rechten Winkel schließt sich der weitaus anspruchsvollere Bau Alexanders II. an, der im Jahr 1643 begonnen wurde. Der Eckturm mit seiner ungewöhnlichen, dreifach sich verjüngenden Haube geht ebenfalls auf Alexander II. zurück, der aufgrund seiner Kriegstaten den Beinamen »westfälischer Wallenstein« bekam.

▲ Der Innenhof der Vorburg, deren Gebäude Alexander II. von 1643–1648 nach Entwürfen von Michael von Gent errichten ließ: Auch sie besitzen die für Westfalen so charakteristischen Dreistaffelgiebel. Der den Naturwissenschaften sehr zugeneigte Bauherr ließ den so genannten Sterndeuterturm aufführen, um möglicherweise seiner großen Leidenschaft, der Astrologie, zu frönen.

▲ Der zweiflügeligen Oberburg wurde eine neugotische Kapelle angebaut. Haus Hülshoff weist die wichtigsten Charakteristika münsterländischer Wasserburgen auf: Die Anlage gliedert sich in eine Vor- und Oberburg, die Wohngebäude besitzen hohe Giebel mit Seitenstaffeln und Firstschornsteinen, als Baumaterial wurden Back- und Sandstein verwendet. Die im Falle von Haus Hülshoff schmucklosen Giebel, die etwa 1545 entstanden, sollten bei späteren Bauten zu Trägern reichster Zierrate werden.

▶ »In monderhellten Weihers Glanz, liegt brütend wie ein Wasserdrach', das Schloss mit seinem Zackenkranz, mit Zinnenmoos und Schuppendach«: Mit diesen Versen gedachte Annette von Droste-Hülshoff (1797–1848) ihres Geburtshauses, das von ihrem Urahn Heinrich I. von Droste zu Hülshoff erbaut worden war. Im Inneren vermitteln Salon und Bibliothek mit originaler Einrichtung ein Bild von den Jugendjahren der großen Literatin. Die Anlage ist nach wie vor in Familienbesitz.

Schloss Hülshoff

Geburtshaus einer Dichterin

In diesem unweit von Münster gelegenen Schloss wurde im Jahr 1797 Annette von Droste-Hülshoff geboren. Zur Erinnerung an die große Dichterin, die hier ihre Jugend verbrachte, wurde in einigen Räumen der Oberburg ein Museum eingerichtet. Das trutzig wirkende Bauwerk an sich ist eine typisch westfälische Wasserburg, die um die Mitte des 16. Jahrhunderts begonnen und im Laufe der Jahrhunderte ergänzt wurde. Die Innenausstattung der Oberburg stammt aus dem Jahr 1789, während die Schlosskapelle erst 1870 erbaut wurde. Die Kombination von Back- und Haustein, deren Kontrastwirkung die Oberfläche des Baus zusätzlich gliedert, ist ein allgemeines Charakteristikum westfälischer Baukunst.

Schloss Anholt

Residenz der Fürsten zu Salm

Schloss Anholt ist eine mittelalterliche Gründung. Seine heutige Gestalt erhielt es größtenteils durch Umbaumaßnahmen, die in der zweiten Hälfte des 17. Jahrhunderts im Stil des niederländischen Barock durchgeführt wurden. Initiatoren der Umgestaltung waren die Fürsten zu Salm, in deren Besitz die Anlage 1647 kam. Im Vierflügelbau der Hauptburg ist heute eine Gemäldegalerie eingerichtet, die unter anderem Werke von Rembrandt und Jan Brueghel d. J. zeigt. Glücklicherweise blieb die Innenausstattung des Schlosses, die ebenfalls nach 1650 geschaffen wurde, erhalten. Von Bedeutung ist auch der weitläufige Park, der Anfang des 18. Jahrhunderts im französisch-geometrischen Stil angelegt, ab 1831 jedoch in einen Landschaftsgarten englischer Prägung umgewandelt wurde.

◀ Die Vorburg geht in ihrem Kern auf das späte Mittelalter zurück. Um 1700 erhielt sie ihr heutiges Aussehen, das sich durch Strenge und Sparsamkeit der Gliederungen auszeichnet. Durch den Torturm gelangt man in einen von drei Gebäudeflügeln umstandenen Hof, von dem aus eine Brücke in die Oberburg führt. Im Hintergrund links ist der Bergfried zu sehen. Der Reiz der Anlage liegt weniger im Detail als vielmehr im malerischen Zusammenklang der mächtigen Baukörper.

▲ Die Schlossanlage von Anholt in ihrer Gesamtheit: rechts die Vorburg mit ihrem Torturm, links die Oberburg, aus der der Bergfried aus dem 13. Jahrhundert herausragt. Ihre vier Flügel entstanden zwischen dem 14. und 17. Jahrhundert. Die beiden Burgteile liegen auf separaten Inseln und besaßen ursprünglich einen barocken Außenputz, der im Zuge der Restaurierung nach dem Zweiten Weltkrieg abgenommen wurde. Im Vordergrund neben der Brücke befindet sich der »Wassergarten«, ein Gartenparterre in Insellage.

▶ Der Reiz von Schloss Lembeck liegt hauptsächlich in der Vielfalt malerischer Ansichten, die sich im Zusammenspiel von Architektur, Park und Gräftenwasser ergeben, begründet. Vorbild für das auf verschiedenen Blickpunkten basierende Gesamtkonzept könnte, wie manche Forscher vermuten, Schloss Schönbrunn in Wien gewesen sein. Die Fotografie zeigt die zwei Flügel der Oberburg und, ganz rechts, einen der vier Ecktürme der Vorburg. Der rückwärtige Turm links enthält die Schlosskapelle und wurde 1851 erneuert.

◀ Der kurze Nordflügel von Schloss Lembeck: Links ist einer der zwei massiven Ecktürme, die die Hauptfront beiderseits einfassen, zu sehen. Der Turm besitzt eine so genannte welsche Haube, der eine Laterne aufgesetzt ist. Die Mauern, die aus groben Bruchsteinen bestehen, bleiben vollkommen ungegliedert. Rechts, durch den Nordflügel zur Hälfte verborgen, erkennt man den Kapellenturm.

Schloss Lembeck

»Inselresidenz« der von Westerholts

Das heutige Schloss wurde ab 1692 von einem unbekannten Baumeister für die Familie von Westerholt angelegt. Haupt- und Vorburg liegen auf zwei Inseln, die vom Wasser eines großen Teiches umgeben sind. Die Hauptburg war ursprünglich als Vierflügelbau geplant, wobei jedoch nur zwei Flügel zur Ausführung kamen. Ab 1726 gestaltete J. C. Schlaun mehrere Räume des Schlosses, darunter den Großen Saal, der zu den besten Innenraumentwürfen des genialen Architekten zählt. Doch ist dies nicht die einzige kunsthistorische Besonderheit der Anlage: Eine Weg- und Sichtachse führt, bereits vor dem Schloss beginnend, durch Vor- und Hauptburg in den dahinter liegenden Garten und findet dort in Gestalt eines Obelisken ihren Abschluss. Dieses alle Teile des Schlosses einbeziehende Konzept verleiht Lembeck eine Sonderstellung unter den zahlreichen Wasserburgen Westfalens.

▲ Wie sich am Mauerwerk ablesen lässt, wurden der aus Bruchstein bestehenden Ringmauer des 13. Jahrhunderts zu einem späteren Zeitpunkt die Wohnbauten aus Ziegelsteinen aufgesetzt. Das Torhaus mit seiner rundbogigen, tonnengewölbten Durchfahrt wurde 1519 errichtet, der Erker entstand zu Anfang des 17. Jahrhunderts. Der sich rechts anschließende, in einfachen Formen gehaltene Flügel wurde nach einem Brand im Jahre 1521 Schritt für Schritt ausgebaut.

▶ Links erhebt sich der repräsentative Wohnbau, der 1552 erbaut wurde und den charakteristischen Firstschornstein aufweist. Der oktogonale Treppenturm, der durch so genannte deutsche Bänder gegliedert wird und unterhalb der Turmhaube mit einem Auslugstübchen versehen ist, stammt aus derselben Zeit. Rechts davon sieht man den schlichten Westflügel und das Torhaus, an das sich ein kleines Gebäude anschließt, dessen ungewöhnlicher, einschwingende Umrisslinien besitzender Giebel in die Zeit um 1570 zu datieren ist.

Burg Vischering

Schönste Rundburg Westfalens

Vischering ist unter den zahlreichen Wasserburgen Westfalens die am besten erhaltene und wohl eine der schönsten. Der Bau wurde 1271 auf Betreiben des Bischofs Gerhard von der Mark begonnen. Die Hauptburg hat die Gestalt einer Ringmantelburg, ein in Westfalen seltener Typus, der jedoch im benachbarten Holland des Öfteren zu finden ist. Der Großteil des heutigen Komplexes, so das herrschaftliche Wohngebäude samt Treppenturm mit welscher Haube, stammt aus dem 16. Jahrhundert. Die Wohnräume besitzen noch ihre originale Ausstattung, darunter wertvolle Ornamentmalereien aus der Zeit um 1570. Eine gotische Kapelle und ein Zugbrückentor von 1546 im Bereich der Vorburg vervollständigen das Ensemble, das einen malerischen Reiz besitzt, den nur eine jahrhundertelange Baugeschichte erzeugen kann.

Schloss Westerwinkel

Frühbarocke Festung

Schloss Westerwinkel (erbaut 1663–1668) ist besonders unter den westfälischen Wasserschlössern, denn trotz seiner späten Entstehungszeit wurde der Komplex wie eine Festung angelegt. Erstaunlich ist auch die Tatsache, dass der Bau zu der Gartenanlage in keinerlei axialen Bezug gebracht wurde, wie es ansonsten im Barock üblich gewesen war. Die Gartenanlage ist inzwischen in einen englischen Park umgewandelt worden. Schloss Westerwinkel wird für gewöhnlich dem dänischen Ingenieur und Architekten Peter Pictorius d. Ä. (1626–1685) zugeschrieben. Pictorius und seine Söhne Peter d. J. und Gottfried Laurenz prägten die westfälische Barockarchitektur vor dem Auftreten J. C. Schlauns.

◀ Die Vierflügelanlage der Hauptburg ist an den Ecken mit trutzigen Turmmassiven bewehrt. Sie stellt einen der letzten Bauten dieses Typs in Westfalen dar. Die heute schmucklosen Mauern waren einst mit einem gemalten Gliederungssystem versehen, das den Eindruck der Strenge milderte. Die unprätentiöse Formensprache des Herrensitzes ist auf den Umstand zurückzuführen, dass die Grafen von Merveldt, die das Anwesen 1555 erwarben, Westerwinkel nur als zweiten Wohnsitz benutzten.

▲ Im Unterschied zu anderen Barockanlagen wie etwa Nordkirchen ist Schloss Westerwinkel in keinerlei System von Sicht- und Wegachsen eingebunden. Der Besucher nähert sich dem Schloss von der Seite und betritt die Anlage durch das Torhaus mit seinem massigen Eckturm, der links zu erkennen ist. Die Gebäude der Vorburg umgrenzen einen Innenhof, von dem aus man zur Hauptburg gelangt, von der rechts ein Eckturm zu sehen ist. Der Hauptbau ist von seiner eigenen Gräfte umgeben.

HÖHENBURGEN UND RHEINROMANTIK

Rhein und Mosel

Die Territorialherren des frühen Mittelalters sicherten sich ihre Zoll- und Landansprüche durch den Bau von Höhenburgen, die nicht nur wehrhaft und im besten Fall uneinnehmbar waren, sondern die Ansprüche überdies deutlich dokumentierten. Durch ein besonderes Erbrecht entstanden die so genannten Ganerbenburgen, die innerhalb ihrer Außenmauern im Laufe der Jahrhunderte durch immer neue Gebäude erweitert wurden. Streitigkeiten innerhalb der Familien oder mit benachbarten Territorialherren wurden mit dem Bau so genannter Trutzburgen in direkter Nachbarschaft beantwortet. Viele der Höhenburgen wurden im Pfälzer Erbfolgekrieg planmäßig gesprengt. Doch die Romantik des 19. Jahrhunderts entdeckte die verlassenen Ruinen neu und erweckte sie wieder zum Leben.

◀ Als Kronprinz Friedrich Wilhelm, der Romantiker unter den preußischen Herrschern, die Ruine von Burg Rheinstein erblickte, muss er tief beeindruckt gewesen sein. Er erwarb sie und ließ sie von seinem Lieblingsbaumeister Schinkel zu einem romantischen Sommersitz ausbauen.

Reichsburg Cochem

Teil einer wirkungsvollen Wehranlage

Etwa im Jahr 1000 wurde unter Pfalzgraf Ezzo eine erste Burg gegründet, die nach einigen Wirren um 1151 in eine Reichsburg umgewandelt wurde. Wie viele andere Orte wurden auch Burg und Stadt Cochem 1689 von französischen Soldaten zerstört, die Burg diente fortan über Jahrhunderte als Steinbruch. 1868 kaufte der Berliner Kaufmann Louis Ravené das Grundstück samt Ruine über der Mosel und ließ die Reichsburg nach Plänen der Architekten H. Ende und J. Raschdorff zwar unter Verwendung der spätgotischen Reste, aber im neugotischen Stil wieder aufbauen. Die wiederhergestellte Anlage diente fortan als Sommersitz und blieb bis 1942 im Besitz der Familie.

▶ Auf einem steilen Bergkegel hoch über der Mosel ragt die Reichsburg von Cochem empor. Die Anlage, die auf Rundumverteidigung ausgerichtet war, bildete das Zentrum einer ganzen Verteidigungskette: In der ersten Hälfte des 14. Jahrhunderts wurden Burg und Stadt durch Mauern verbunden. Und unterhalb der Burg wurde eine Kette verankert, mit der aus der Burg mittels eines Seilzugs der Fluss abgesperrt werden konnte.

▲ Die Reichsburg Cochem wurde nach ihrer vollständigen Zerstörung 1689 erst im 19. Jahrhundert wieder aufgebaut. Dabei fanden die mittelalterlichen Gebäudereste, wie hier der aus der ersten Hälfte des 11. Jahrhunderts stammende Bergfried, jedoch noch Verwendung und wurden im neugotischen Gebäudekomplex integriert.

Augustusburg bei Brühl

Rokoko-Gesamtkunstwerk für einen Kurfürsten

Die Dreiflügelanlage Augustusburg zählt zu den bedeutendsten Schöpfungen des Barock und Rokoko im Rheinland und wird heute noch gerne für repräsentative Anlässe genutzt. Clemens August, Erzbischof von Köln, ließ das Schloss auf Ruinen einer älteren Wasserburg aus dem 14. Jahrhundert errichten. Bis zur Vollendung des Rohbaus im Jahre 1728 lag die Planung in den Händen von J. C. Schlaun. Dann übernahm der Münchner Hofarchitekt François de Cuvilliés die Leitung, der in insgesamt 40 Jahren Bauzeit gemeinsam mit dem Gartenbaumeister Girard ein Gesamtkunstwerk schuf, das noch heute beeindruckt. Das berühmte Treppenhaus ist eine Schöpfung von Johann Balthasar Neumann. Der Kölner Erzbischof mochte auch in der Nähe seiner Residenz nicht auf ein Jagdschloss verzichten: Cuvilliés und Leveilly bauten ab 1729 das vergleichsweise bescheidene Schlösschen Falkenlust.

▲ Die Westfassade trägt zum Teil noch die typische Handschrift von Schlaun, erkennbar am dezenten Einsatz von fassadengliedernden Ornamenten. Daran schließt sich der an der südlichen Hauptschauseite mit profilierten Rundbögen und bekrönender Balustrade angehängte Flügel an.

▲ Blick über den Hauptkanal des Brühler Barockgartens auf den Südflügel der nach Osten hin geöffneten Anlage von Schloss Augustusburg. Eine ursprünglich von Schlaun geplante Erweiterung eines bestehenden Wasserschlosses wurde nie verwirklicht. Dafür verwandelte der Baumeister Cuvilliés die vorhandene Anlage in eine glanzvolle Rokokoresidenz. In der vierzigjährigen Bauzeit orientierte er sich an französischen Vorbildern, aber auch an Stilelementen der italienischen und süddeutschen Barockarchitektur.

▲ Wehrtechnisch äußerst günstig gelegen erstreckt sich Burg Eltz auf einem Bergrücken im engen Eltzbachtal nördlich der Mosel. Die romantische Burg, von der es sogar im fernen Japan eine exakte Kopie gibt, wurde auf Briefmarken sowie auf dem alten Fünfhundertmarkschein dargestellt.

◀ Die verschiedenen Bauperioden zeigen sich im gotischen Erker mit seinen Spitzbögen und Maßwerk, den Rundbogenfriesen und dem abschließenden Fachwerktürmchen. Auch im Innenhof der Burg sieht man das charakteristische »Gewirr und Gezipfel« der steilen Dächer und Erker. In der vielfach verschachtelten Anlage haben über Jahrhunderte mehrere Zweige des Eltzer Adelsgeschlechtes nebeneinander gewohnt.

Burg Eltz

Vieltürmige Ganerbenburg

Die imposante Burg wurde ab 1157 von Rudolf von Eltz an einem wichtigen Handelsweg erbaut und schon 1268 folgte die Teilung in eine Ganerbenburg. Dieser Tatsache verdankt Burg Eltz seine vieltürmige Silhouette, denn in den folgenden 500 Jahren wurde die Anlage ununterbrochen aus- und umgebaut, sodass sich heute von der Romanik bis zum Barock Beispiele für jeden Baustil finden lassen. Überdies verhinderte Diplomatie eine Zerstörung im Pfälzer Erbfolgekrieg. Ab 1845 wurde Burg Eltz, die sich bis heute im Besitz der Grafen zu Eltz befindet, auf deren eigene Kosten vorbildlich restauriert.

▶ Die Wände und Decken des Schreibzimmers, das sich gleich neben dem Schlafgemach im Haus Rübenach befindet, wurden 1881 von Knackfuß mit ornamentalem Rankenwerk ausgemalt. Die spätgotischen Fenster verweisen auf die Entstehungszeit des Hauses Rübenach, das 1472 unter den Rittern vom silbernen Löwen vollendet wurde.

Kurfürstliches Palais

Residenz der Trierer Bischöfe

In direkter Nachbarschaft zum mächtigen Konstantinspalast, einem Zeugnis von Triers langer Geschichte, steht das Kurfürstliche Palais, dessen Vorgängerbau bis ins frühe Mittelalter zurückgeht. Ab 1615 folgte, wohl unter Georg Ridinger, die Anlage eines vierflügeligen Renaissanceschlosses, von dem heute noch der Nord- und der Ostflügel stehen. 1756–1762 ersetzte Kurfürst Johann Philipp von Walderdorf den Südflügel durch einen Rokokobau nach Plänen von Johannes Seiz. Die wertvollen Skulpturen und Geländer des Treppenhauses stammen von Ferdinand Tietz. Nach Plünderungen während der Französischen Revolution sowie schweren Schäden im Zweiten Weltkrieg wurde das Kurfürstliche Palais 1954–1956 wieder aufgebaut.

◀ Der Skulpturenschmuck im Palastgarten entstammt wie das Treppenhaus und der Fassadenschmuck der Werkstatt des böhmischen Bildhauers F. Tietz.
Am Hofe des Bauherrn herrschte ein derart großer Luxus, dass der Kurfürst nach seinem Tode 1768 einen gewaltigen Schuldenberg hinterließ. Sein Nachfolger, der letzte Kurfürst von Trier, verlegte seine Residenz nach Koblenz.

▲ Beim Kurfürstlichen Palais in Trier vereinen sich im 18. Jahrhundert der Geist der Antike mit dem künstlerischen Gestaltungswillen des verschwenderischen Kurfürsten. Vor der schmucklosen Fassade der antiken Palastaula aus dem 4. Jahrhundert hebt sich die Pracht des Rokoko umso deutlicher hervor. Der in prächtigem Rokoko ausgeführte Südflügel des Balthasar-Neumann-Schülers J. Seiz dominiert heute die gesamte Anlage. Die Figuren im Giebel des hervorgehobenen Mittelrisalits stellen die Götter Ceres, Apollo und Pomona sowie Putten dar.

Burg Runkel

Frühmittelalterliche Festung

Die imposante Wehranlage wurde vor 1159 zur Sicherung des Lahn-Überganges von den Herren von Runkel errichtet. Nachdem Siegfried von Runkel zu Beginn des 13. Jahrhunderts durch Heirat die Herrschaft Westerburgs erlangte, führten 1288 Familienstreitigkeiten der beiden Linien zur Errichtung der nahen Trutzburg Schadeck. 1634 wurde die Stammburg der inzwischen gefürsteten Familie zerstört. Die danach nur zum Teil wieder errichtete Burg wurde bis in das 18. Jahrhundert erweitert und ist bis heute im Besitz der Nachfahren.

▲ Als düsterer Wehrbau erhebt sich die Burg Runkel über dem gleichnamigen historischen Ort an der Lahn. Drei mächtige Türme beherrschen die Anlage. Die Kernburg, die im 17. Jahrhundert zerstört wurde, ist nie wieder aufgebaut worden. Geblieben ist nur der mächtige Bergfried aus dem 13. Jahrhundert.

Schloss Weilburg

Fürstenresidenz an der Lahn

An Stelle einer unter den Grafen von Nassau errichteten Burg aus dem 14. Jahrhundert – Reste davon befinden sich an dem zur Lahn gerichteten Ostflügel des Schlosses – wurde 1533–1580 unter Baumeister Balthasar Wolff zunächst ein Dreiflügelbau im Stil der Renaissance errichtet, der zwei Jahrzehnte später durch einen vierten Flügel von Ludwig Kempff geschlossen wurde. Ab 1702 erhielt J. L. Rothweil von dem Grafen Johann Ernst von Nassau-Weilburg den Auftrag, die gesamte Stadt nach einem einheitlichen barocken Gesamtkonzept umzugestalten. Dabei wurde auch der Schlossgarten um Orangerien erweitert.

▲ Aus der Mitte des weiß-rot verputzten Renaissanceschlosses ragt der quadratische Turm der Schlosskirche mit giebeldurchbrochener Schieferhaube und luftiger Laterne empor. Zudem gliedern die zahlreichen, rot gehaltenen Erker, die mit Voluten verzierten Zwerchhäuser sowie die durch roten Werkstein betonten Ecken den Bau.

Burg Katz

Wehrburg bei St. Goarshausen

Burg Katz wurde um 1371 von Graf Wilhelm II. von Katzenelnbogen zur Sicherung des Rheinüberganges zu St. Goar sowie zu den im Taunus gelegenen rückwärtigen Stammlanden errichtet. Den runden Wohnturm ließ Graf Johann III. ab 1393 erbauen. Nachdem die wehrhafte Anlage im Laufe des 18. Jahrhunderts mehrmals erobert wurde, wurde sie 1804 von den Franzosen gesprengt. 1896–1898 erfolgte unter dem neuen Besitzer ein historisierender Wiederaufbau, bei dem es gelang, den früheren Zustand weitgehend wiederherzustellen.

▲ Burg Katz, oberhalb von St. Goarshausen, liegt geschützt auf einem massiv hervortretenden Bergfelsen und bietet in der grünen Rheinlandschaft ein malerisches Bild. Auf der geschützten Rheinseite liegt der Palas mit seinen runden, oben achteckigen Türmen, während auf der gefährdeten Angriffsseite der wehrhafte, runde Hauptturm steht.

▲ Mit Ausnahme der Walmdächer und des restaurierten Mauerverputzes hat Burg Maus, über Wellmich gelegen, ihre mittelalterliche Gestalt erhalten. Ihren Namen verdankt sie den Grafen Katzenelnbogen, die sie verächtlich »Burg Maus« nannten, weil sie im Vergleich zu deren mächtiger Burg Katz viel kleiner war.

Burg Maus

Rheinfestung bei St. Goarshausen

Burg Maus, auch Deuernburg oder Thurnberg genannt, erhielt ihren Namen durch ihre Lage in der Nachbarschaft zur Burg Katz. Burg Maus wurde 1353–1357 durch den Erzbischof Boemund II. von Trier errichtet und von Cuno von Falkenstein durch starke Befestigungen vollendet. Ab 1580 ging Burg Maus als Lehen in den Besitz der Familie von Nassau über, die die Anlage ihren Vorstellungen gemäß umbaute. Mit Beginn des 18. Jahrhunderts verlor die Burg an Bedeutung und verfiel schließlich zur Ruine. Diese wurde in den Jahren 1900–1906 wieder aufgebaut.

▲ Frei im Burghof steht der runde Bergfried mit seinem von Dacherkern besetzten Dachaufsatz, geschützt durch die lange Schildmauer mit den zwei polygonalen Ecktürmen. Die massiven, abweisenden Mauern erinnern an seine ursprüngliche Wehrfunktion, ebenso der geringe Einsatz an großen Fenstern.

▶ Burg Stahleck diente als Kontrollstation, um den Verkehr auf dem Rhein zu beherrschen. In den Restaurierungsbemühungen des 20. Jahrhunderts ist es gelungen, die verschiedenen Bauphasen wiederherzustellen und so die Burgenbaukunst der Stauferzeit zu dokumentieren. Heute umschließen die Gemäuer eine der bekanntesten Jugendherbergen Deutschlands.

Burg Stahleck

Burgenmuseum und Jugendherberge

Stahleck wurde 1135 erstmal urkundlich erwähnt, nachweislich jedoch bereits 1095 bewohnt. Schon 1214 fiel die Anlage an den Wittelsbacher Ludwig von Bayern, der zusammen mit der unweit gelegenen Anlage von Pfalzgrafenstein somit zwei bedeutende Stützpunkte am Rhein hatte. Nach Zerstörungen im Dreißigjährigen Krieg und einem zwischenzeitlichen Wiederaufbau wurde die Burg oberhalb von Bacharach 1689 von französischen Truppen gesprengt. Der Wiederaufbau der einst gewaltigen Ring- und Schildmauer erfolgte 1925–1927, auf den ausgegrabenen Grundmauern wurde eine Jugendherberge errichtet, die bis heute besteht. In den 60er-Jahren wurden weitere verfallene Gebäude wie der gewaltige Bergfried aufgemauert.

◀ Im Mäuseturm von Bingen, dem Wahrzeichen der Stadt, wurden gegen Ende des 13. Jahrhunderts und im 14. Jahrhundert von den Herren der gegenüberliegenden Burg Ehrenfels und dem Mainzer Fürstbischof der Rheinzoll eingetrieben. Seinen Namen erhielt er unter anderem durch den für Wegzoll benutzten Begriff »Maut«, den der Volksmund zu Maus vereinfachte. Auch die Gebrüder Grimm waren von dem Mäuseturm fasziniert und hielten die Legende um das Bauwerk in ihren »Deutschen Sagen« fest.

Mäuseturm von Bingen

Legendenumwobener Wachturm

Der so genannte Mäuseturm wurde wohl als Wachturm für die im Jahr 1211 von Erzbischof Siegfried von Mainz errichtete Burg Ehrenfels erbaut, diente aber auch schon bald als Signal- und Zollstation. Seinen heutigen Namen verdankt der Turm einer grausamen Legende: Als gerechte Strafe für seine Hartherzigkeit sollen die Nager Hatto II., Erzbischof von Mainz, der in diesen Turm inmitten des Rheins flüchtete, bis hierher verfolgt und getötet haben. Der seit dem 18. Jahrhundert verfallene Turm wurde in den Jahren 1856–1858 wieder aufgebaut und diente bis 1974 als Signalstation.

▲ Türmchen mit Rundbogenfriesen, ein Zinnenabschluss sowie weitere Formen der frühen Neugotik prägen die im 19. Jahrhundert wieder aufgebaute Burg Rheinstein und machen sie zu einem hervorragenden Beispiel der Neugotik. Aus der Mitte ragt der massive Wohnturm aus dem 14. Jahrhundert.

Burg Rheinstein

Zollburg am Mittelrhein

Burg Rheinstein, früher Fatzberg genannt, bei Trechtinghausen ist die erste Höhenburg, die im Zuge der romantischen Bewegung des 19. Jahrhundert erneuert wurde. Wahrscheinlich wurde die Anlage, die bis in das 9. Jahrhundert zurückgeht, Anfang des 14. Jahrhunderts unter Erzbischof Peter von Aspelt von Mainz als Trutzburg zur nahe gelegenen Burg Reichenstein zuletzt umgestaltet. 1825 wurde die gut erhaltene Burgruine von Prinz Friedrich Ludwig von Preußen gekauft und unter Einbeziehung des mittelalterlichen Mauerwerks nach Plänen von Schinkel bis 1829 wieder aufgebaut.

Marksburg

Einzige unzerstörte Höhenburg am Rhein

Die Marksburg bei Braubach ist die einzige Burganlage am Rhein, die über die Jahrhunderte sämtliche Angriffe unversehrt überstanden hat. 1231 urkundlich erstmals erwähnt kam die Burg 1283 in den Besitz der Grafen Katzenelnbogen, die der Anlage, die auf einem dreieckigen Grundriss errichtet wurde, ihr heutiges Gesicht gaben. 1568 wurde die Burg, die, prächtig ausgebaut, ununterbrochen als Residenz der Landgrafen diente, aufgegeben und verfiel zusehends. 1900 kam die Marksburg in öffentlichen Besitz und wurde vorbildlich restauriert. Sehenswert sind vor allem die Burgkapelle mit ihren Malereien und die originalgetreu nachgebaute mittelalterliche Burgküche.

▶ Die eindrucksvolle Marksburg hoch über Braubach macht den Eindruck, als hätten die Ritter Turm und Tore soeben erst verlassen. Die zahlreichen Türme zeugen von der jahrhundertelangen Nutzung als Ganerbenburg. So entstanden im Laufe der Jahre drei verschieden alte Bergfriede mit eigenen Palasgebäuden und Nebenbauten, in denen unterschiedliche Familienzweige untergebracht waren.

Pfalzgrafenstein, Kaub

Die »Pfalz am Rhein«

Die Burg Pfalzgrafenstein vor Kaub wurde ab 1326 zur Sicherung des Rheinzolls errichtet. Keimzelle der Anlage ist ein mächtiger, fünfeckiger Turm mit sechs Geschossen, der auf einer Insel inmitten des Rheins errichtet wurde. Dieser wurde bereits um 1340 um eine hohe Ringmauer mit Wehrgang erweitert und ausgebaut. Gemeinsam mit der Burg Gutenfels, den Stadtbefestigungen von Kaub und Bacharach sowie der Burg von Stahleck entstand ein gewaltiges Befestigungssystem, das eine effiziente Kontrolle der Schiffsroute über den Rhein ermöglichte. Die Flussfeste wurde nie zerstört und diente bis 1876 als Zollstation.

▲ Die Pfalz am Rhein auf einer Insel mitten im Strom war Teil einer weitläufigen Befestigungsanlage, durch die seit dem Mittelalter der Schiffsverkehr auf der wichtigen Handelsroute kontrolliert wurde. Der dominante Mittelturm und die zahlreichen Türme und Erker wurden 1971 nach alten Vorlagen in den rot-weißen Signalfarben verputzt.

▲ Schon von weitem erkennbar überragen die drei Bergfriede mit ihren Palasgebäuden und zahlreichen Nebenbauten die Mauern der Schönburg. Die enge Bebauung und die verwinkelten Anbauten sind die typischen Merkmale einer Ganerbenburg, die über Jahrzehnte von mehreren Familienzweigen gleichzeitig bewirtschaftet werden konnte.

Schönburg, Oberwesel

Majestätischste der Rheinburgen

Die einst als Reichsburg errichtete Schönburg gehört zu den eindrucksvollsten Burgen am Mittelrhein. 1149 wird sie erstmals erwähnt und kam bald in den Besitz eines Geschlechtes, das sich nach der Burg benannte und gegen Ende des 13. Jahrhunderts großen Einfluss erwarb. In der Folge wurde die Schönburg zu einer der größten Ganerbenburgen am Rhein ausgebaut. Nachdem sie 1689 durch französische Soldaten zerstört worden war, wurde die Ruine ab 1885 durch den deutsch-amerikanischen Bankier Rhinelander wieder aufgebaut. Die Burg, in der sich heute ein Hotel befindet, besitzt eine außergewöhnliche spätgotische Burgkapelle.

Schloss Stolzenfels

Juwel der Neugotik

Schloss Stolzenfels verdankt seine heutige Gestalt dem preußischen Kronprinzen Friedrich Wilhelm, der sie als Ruine 1823 von der Stadt Koblenz zum Geschenk erhielt und nach Entwürfen von Schinkel in den Jahren 1836–1842 im neugotischen Stil als Sommersitz wieder aufbauen ließ. Die erste kurtrierische Burg, um 1250 von Erzbischof Arnold II. von Isenburg (1242–1259) errichtet, war von Beginn an in erster Linie eine wichtige Rheinzollstätte. Weitere Ausbauten folgten unter den Erzbischöfen Cuno und Werner von Falkenstein in der zweiten Hälfte des 14. Jahrhunderts. 1412 verlor die Anlage mit der Verlegung des Rheinzolls an Bedeutung und wurde 1689 zerstört.

▲ Umrahmt von Wald und Reben steigt Schloss Stolzenfels aus dem Hang über Rhein und Lahn empor. Weithin sichtbar die Türme, Zinnen und Erker, die in ihrer Gesamtheit zu den eindrucksvollsten Beispielen des im 19. Jahrhundert aufkommenden Stils der Neugotik gehören. Der spätere preußische König Friedrich Wilhelm IV. ließ die Ruine bis 1842 als mittelalterliche Ritterburg erbauen und mit einer neugotischen Kapelle versehen.

DER »BAUWURMB« UND BAROCKE FÜRSTENRESIDENZEN

Baden und Württemberg

Nach dem Dreißigjährigen Krieg hatten die Herrscher des barocken Zeitalters auch in den kleinsten Fürstentümern ihre Machtansprüche festigen können. Und alle schienen sie von einer Bauleidenschaft gepackt zu sein, zu der sich die Familie der Schönborns, selbstironisch ganz offen bekannte. Die Schönborns, die viele einflussreiche Ämter innehatten, gründeten und errichteten gewaltige Barockresidenzen, kleine Schlösser und üppige Kirchen in Ludwigsburg, Bruchsal, Würzburg, Bamberg, Pommersfelden ... Wie weit der Glanz des Barock in die Gegenwart reicht, mag man daran erkennen, dass viele der Prachtbauten heute Sitz von Universitäten, staatlichen Sammlungen und Landesregierungen sind.

◀ Zwischen 1746 und 1805 bauten die Herzöge und späteren Könige von Württemberg am Neuen Schloss in Stuttgart und machten es zu einer gewaltigen Anlage. Der ab 1781 in barocker Manier ausgestaltete Schlossplatz ist noch heute der Mittelpunkt der Stadt Stuttgart.

▲ Im Jahre 1725 erfolgte die Genehmigung für den Bau des hier abgebildeten Fürstentraktes, womit die Ludwigsburger Schlossanlage zum größten Barockbau Deutschlands avancierte. Die Mittelachse des dem Fürstentrakt vorgelagerten Gartenparterres ist direkt auf den fünfachsigen, durch Pilaster und eine konvexe Wölbung betonten Mittelteil ausgerichtet. Die Entwürfe für den Bau, dessen Inneneinrichtung in den Jahren 1797–1816 erneuert wurde, lieferte der seit 1714 für den Herzog tätige Baumeister Frisoni.

▶ Der Schlosspark von Ludwigsburg gliedert sich in verschiedene, unterschiedlich gestaltete Abschnitte. Der auf den Fürstentrakt ausgerichtete Südgarten wurde noch unter Herzog Eberhard Ludwig im französischen System begonnen. Er zeichnet sich durch die Broderien aus. Auf Geheiß des Nachfolgers Herzog Friedrich wurde nördlich und östlich des Schlosses um 1800 ein englischer Landschaftsgarten angelegt.

Schloss Ludwigsburg

Blühendes Barock

Eigentlich wollte Herzog Eberhard Ludwig von Württemberg nur ein kleines, abgebranntes Jagdhaus ersetzen, doch er verfolgte auch mit großem Interesse, wie andere Markgrafen und Kurfürsten prächtig bauten. Und so ließ er im Jahre 1704 durch seinen Hofarchitekten P. J. Jenisch den so genannten Fürstenbau beginnen, der zur Keimzelle eines Schlosskomplexes wurde, der heute noch zu den größten Deutschlands zählt. 1707 fügte Johann Friedrich Nette weitere Seitenflügel an und schuf eine Ehrenhofanlage, 1733 vollendete der Oberitaliener Donato Giuseppe Frisoni (1683–1735) den vierflügeligen Außenbau. Bis 1918 wurde Ludwigsburg bewohnt, blieb im Zweiten Weltkrieg unbeschädigt und hat sich so originalgetreu erhalten.

▲ In der Mitte des Schlossplatzes steht die Jubiläumssäule, die 1842 errichtet wurde und eine Bronzeallegorie der Eintracht, geschaffen 1860 von Hofer, trägt. Dahinter öffnet sich der Ehrenhof des Neuen Schlosses, dessen Eingang von den auf hohen Sockeln platzierten Wappentieren nach Entwürfen von A. Isopi (1823) flankiert wird. Die zurückhaltende Formensprache der Schlossfassaden mit ihrem strengen Raster aus flachen Pilastern und Gurtgesimsen ist französischen Ursprungs.

▶ Der Mittelpavillon des Corps de Logis entspricht mit seinem kuppeligen Dach, dem Dreiecksgiebel und dem Altan, einem balkonartigen Vorbau, einem verbreiteten Typus des 18. Jahrhunderts, der bei vielen Schlossbauten zur Anwendung kam. Die Fassadengliederung ist von kühler Eleganz, dabei jedoch etwas eintönig. Leider wurde der 1747 von B. Neumann eingereichte Gegenentwurf abgelehnt: Im Falle seiner Realisation wäre, wie viele Architekturhistoriker behaupten, der großartigste Palastbau des 18. Jahrhunderts entstanden.

Neues Schloss in Stuttgart

Barocker Glanz, der noch heute wirkt.

Nachdem der württembergische Hof von Ludwigsburg zurück nach Stuttgart verlegt worden war, befahl Herzog Carl Eugen (1737–1793) den Bau einer zeitgemäßen Residenz, die das Alte Schloss aus der Zeit der Renaissance ablösen sollte. 1746 wurde die Anlage nach Plänen Leopold Rettis (1704–1751) begonnen, wobei diverse Gutachter, unter anderem B. Neumann, hinzugezogen wurden. 1751 übernahm der Pariser Architekt Philippe de La Guêpière (um 1715–1773) den Weiterbau des Schlosses. Er errichtete die stadtseitigen Trakte und entwarf die Paraderäume im Stil des frühen Klassizismus. Das nach schwerer Zerstörung im Zweiten Weltkrieg rekonstruierte Schloss dient heute dem Land Baden-Württemberg zu Repräsentationszwecken und beherbergt mehrere Ministerien.

Karlsruher Schloss

Sinnbild absolutistischen Anspruchs

Die Karlsruher Schlossanlage versinnbildlicht wie keine andere das Selbstverständnis absolutistischer Potentaten. Karlsruhe wurde 1715 als neue Residenzstadt des Markgrafen Karl Wilhelm von Baden-Durlach gegründet. Die Stadt wurde nach einem strengen geometrischen Raster angelegt, in dem die Hauptstraßen radial auf den Mittelbalkon des Schlosses zulaufen. Der neue Schlossbau wurde, die Grundlinien des Vorgängerbaus beibehaltend, ab 1752 nach Plänen des Stuttgarter Hofarchitekten Ph. de La Guêpière errichtet und 1785 vollendet. Die am Übergang vom Rokoko zum Klassizismus entstandene Innenausstattung ging im Zweiten Weltkrieg unwiederbringlich verloren.

◀ Die zurückhaltende Formensprache des Corps de Logis weist bereits klassizistische Züge auf. Auf Ornamente und Wandvorlagen wird fast gänzlich verzichtet, stattdessen treten die harmonischen Proportionen und die kubisch-kantige Großform des Baukörpers in den Vordergrund. Hinter dem Mittelgiebel ragt der Schlossturm empor, der den Mittelpunkt der radial angelegten Stadt bildet. Das Schloss beherbergt heute das Badische Landesmuseum mit seinen bedeutenden Kunstsammlungen.

▼ Das Karlsruher Schloss ist in seiner Gesamtanlage durchaus ungewöhnlich: Die Seitenflügel konventioneller Schlossbauten stoßen in rechtem Winkel an das Corps de Logis, in Karlsruhe hingegen sind sie abgewinkelt. Die Flügelbauten nehmen damit den Verlauf der beiden äußeren, die barocke Stadtanlage seitlich begrenzenden Radialstraßen auf – das Schloss »umarmt« somit die Stadt, worin der absolute Machtanspruch des Fürsten sinnfällig zum Ausdruck kommt. Die Abbildung zeigt den Pavillon des rechten Seitenflügels.

Heidelberger Schloss

Beginn der deutschen Renaissance

1225 erstmals urkundlich im Zusammenhang mit der Stadtgründung erwähnt und wohl schon Mitte des 12. Jahrhunderts als salische Burg errichtet, erlebte die Anlage unter dem pfälzischen Kurfürsten Ruprecht III., der seit 1400 auch die Königswürde besaß, eine erste Blüte. Was heute als malerische Ruine über dem Neckar thront, sind jedoch Bauten der Renaissance: Wies der Gläserne-Saal-Bau von 1544–1556 bereits erste Renaissanceformen auf, entstand ab 1556 mit dem Ottheinrichsbau der erste Palast Deutschlands, der sich direkt an die Renaissancevorbilder aus Italien und den Niederlanden anlehnte. Das Schloss wurde 1689 und 1693 durch französische Truppen verwüstet und 1764 aufgegeben. 1889–1901 wurden die prächtig dekorierte Fassade des Ottheinrichsbaus und der 1612–1619 errichtete Englische Bau wiederhergestellt.

◀ Kachelöfen waren zur Zeit der Renaissance bevorzugte Objekte künstlerischen Gestaltens. Oftmals waren sie als Architektur en miniature gestaltet und mit dunkelgrünen oder dunkelbraunen Glasuren überzogen. Des Weiteren schmückte man sie häufig mit figürlichen Reliefs allegorischen, mythologischen oder biblischen Inhalts. Die Türrahmen sind im Stil der deutschen Renaissance gehalten, deren dekorativ-verspielte Strukturen sich deutlich von den monumentalen, durch große Formenklarheit bestimmten Werken der italienischen Renaissance unterscheiden.

▲ Aus diesem Blickwinkel ist zu erahnen, weshalb der Heidelberger Schlosskomplex zu den bekanntesten Sehenswürdigkeiten Deutschlands gehört: Das bunte Nebeneinander von Bauten unterschiedlicher Stilprägung ergibt ein harmonisches Ganzes, dessen ästhetischer Reiz durch den ruinösen Zustand noch gesteigert wird. Das Schloss besaß einst eine zu ihrer Zeit hoch berühmte Gartenanlage, den so genannten Hortus Palatinus, der um 1613 von dem Niederländer Salomon de Caus angelegt wurde. Es handelte sich dabei um die bedeutendste Gartenanlage im Stil der italienischen Spätrenaissance in Deutschland.

▲ Hier die von Robin entworfene und von Wolfgang Behringer 1595–1605 ausgeführte Gartenfront. Ihre Volutengiebel entsprechen dem auf dekorative Wirkung abzielenden Stil der nordischen Spätrenaissance. Das axial auf das Schloss ausgerichtete Gartenparterre wurde ab 1709 nach Plänen des Gartenarchitekten Matthieu angelegt. Die zahlreichen Bildwerke, darunter Darstellungen olympischer Gottheiten, schufen Mitglieder der deutschen Bildhauerfamilie Sommer bis etwa 1720.

▶ Der Rittersaal, eines der am besten erhaltenen Renaissanceinterieurs in Deutschland, wurde zu seiner Zeit an Größe und Pracht lediglich vom Goldenen Saal in Augsburg übertroffen. Die wabenartig kassettierte Decke ist mit gemalten Jagdszenen geschmückt, die 1600/1601 von dem Würzburger Maler B. Katzenberger geschaffen wurden. Auch die plastisch hervortretenden Stuckfiguren an den Wänden, die aus einem Gemisch von Gips, Kalk und Hanffasern von G. Schmidt und Chr. Limmerich angefertigt wurden, folgen dem Leitmotiv der Jagd (die Geweihe der Hirschköpfe sind übrigens echt).

Schloss Weikersheim

Stammsitz des Hauses Hohenlohe

Schloss Weikersheim, an dessen Stelle sich eine Wasserburg befand, entstand im Wesentlichen in drei Bauphasen. Wolfgang von Hohenlohe befahl 1595 den Bau eines Schlosses im Stil der nordischen Renaissance nach Plänen des Niederländers Georg Robin, dem Architekten des Würzburger Fürstbischofs. Von der Anlage, die Robin wahrscheinlich in der ungewöhnlichen Grundrissform eines gleichschenkeligen Dreiecks geplant hatte, kam jedoch nur ein Flügel zur Ausführung. Ab 1679 fügte der Würzburger Baumeister Paul Platz im Auftrag des Grafen Siegfried den Marstall und einen weiteren Flügel hinzu. Anfang des 18. Jahrhunderts erneuerte man Teile der Innenausstattung und legte einen barocken Hofgarten an, der bis heute zu den schönsten Deutschlands gehört.

Neues Schloss Bad Wurzach

Unentdecktes Barockjuwel

Wurzach war seit 1273 Residenz der Truchsessen von Waldburg. Von dem Alten Schloss, das Ende des 17. Jahrhunderts erneuert wurde, ist lediglich ein Seitenflügel erhalten, der eine Kapelle enthält, an die 1959/1960 ein moderner Kirchenbau angefügt wurde. Das Neue Schloss wurde 1723–1728 im Auftrag des Grafen Ernst Jakob als klassische Dreiflügelanlage mit Ehrenhof errichtet. Der Mittelpavillon birgt ein Treppenhaus von außergewöhnlicher künstlerischer Qualität, dessen Stilformen auf eine Entstehungzeit nach 1750 deuten. Der Architekt des Treppenhauses ist unbekannt, jedoch verleiht sein Werk dem Provinzschlösschen überregionale Bedeutung.

◀ Der Schlossbau von Versailles hatte Maßstäbe gesetzt: Selbst der unbedeutendste deutsche Duodezfürst strebte danach, im Rahmen seiner Mittel das französische Vorbild zu imitieren und seinen Machtanspruch zu demonstrieren. So liegt auch der Ehrenhofanlage von Wurzach der Typus des Versailler Schlosses zu Grunde. Originell sind die pagodenartigen, gebrochenen Fensterverdachungen und das gezackte Gesims des Mittelrisalits.

▲ Ein nahezu unbekanntes Schloss, ein anonymer Baumeister und ein ebenso namenloser Freskant: Dennoch ist das Treppenhaus von Schloss Wurzach eine der schönsten Raumschöpfungen des deutschen Barock. Um einen dreipassförmigen Kern herum winden sich die Treppenläufe, die emporenartige Umgänge ausbilden, in die Höhe und schwingen dabei ein und aus. Hierdurch entsteht ein komplexes, von dynamischer Bewegung erfülltes Raumbild. Die Wandgliederung mit ihren filigranen Pilastern verweist bereits auf den frühen Klassizismus. Das Deckenfresko stellt die Apotheose des Herkules dar.

▲ Wie die nahe gelegene Burg Hohenzollern ist Schloss Lichtenstein das Produkt romantischer Fantasie: Der Herzog von Urach wünschte sich »eine deutsche Ritterburg im edelsten Stil des Mittelalters«, die »selbst das berühmte Hohenschwangau übertreffen« sollte. Diesem Ansinnen lag ein Geschichtsbewusstsein zu Grunde, das eine Anlage entstehen ließ, die noch mittelalterlicher als das Mittelalter selbst war.

▶ Die neugotische Einrichtung des Rittersaales war zu ihrer Zeit hochmodern: Die deutsche Romantik sah in der Gotik das Symbol einer vergangenen heilen Welt, die sich im Gegensatz zu der zersplitterten Gesellschaft des 19. Jahrhunderts durch ein soziales Zusammengehörigkeitsgefühl auszeichnen sollte. Etwa seit den 1830er-Jahren begann die kunsthistorische Erforschung der gotischen Formenwelt, die ihren Niederschlag in Musterbüchern und Interieurs wie eben diesem Rittersaal fand.

Burg Lichtenstein

Eine Burg wie aus dem Bilderbuch

Der Reiz der Burg Lichtenstein liegt weniger im Detail als vielmehr in der Wirkung der Gesamtanlage. Ab 1840, in einer Zeit, in der die Mittelalterbegeisterung der Romantik einen Höhepunkt erreicht hatte, ließ der Herzog von Urach den imposanten Bau an der Stelle einer 1802 abgebrochenen mittelalterlichen Burg nach Plänen von Ernst Heideloff errichten. Anregung für das Bauprojekt war der 1826 erschienene Roman »Lichtenstein« von Wilhelm Hauff, der sich von der einzigartigen Lage der alten Ruine hoch über dem Ezachtal hatte anregen lassen.

Deutschordensschloss

Sitz der Hochmeister in Bad Mergentheim

Das Mergentheimer Schloss, das auf eine mittelalterliche Wasserburg zurückging, gelangte im 13. Jahrhundert in den Besitz des Deutschen Ordens und war 1527–1809 Residenz des Hochmeisters. Das Schlossgebäude in seiner heutigen Form geht auf Umbau- und Erweiterungsmaßnahmen in den Jahren 1565–1574 zurück, 1626 folgte die Errichtung des kuppelbekrönten Torturms mit einem von französischen Vorbildern beeinflussten Säulenportal. Bemerkenswert ist die Schlosskirche, die 1731–1736 von F. J. Roth errichtet wurde, wobei Entwurfsideen des Münchener Hofarchitekten F. Cuvilliés d. Ä. einflossen.

◀ Der ordenseigene Baumeister Franz Anton Bagnato gestaltete den Kapitelsaal in den Jahren 1778–1782 in den filigranen Formen des Frühklassizismus. Der Saal ist der künstlerisch wertvollste Innenraum des Schlosses und überdies von historischer Bedeutung, denn er diente von 1527 bis 1809, als Napoleon die Vereinigung auflöste, als Hauptsitz des Deutschen Ordens. Dieser war 1198 gegründet worden und zählte im Mittelalter sowohl Ritter als auch Priester zu seinen Mitgliedern. Der Orden, der in Preußen ein eigenes Staatsgebiet besaß, war lange Zeit auch als weltliche Macht von großer Bedeutung.

▲ Ein französisch beeinflusstes, durch gekoppelte Säulen geprägtes Portal ziert das turmartige Torhaus. Rechts schließt sich der eigentliche Schlossbau an, der in malerischer Weise aus Trakten unterschiedlicher Form zusammengefügt und mit mehreren Türmen bewehrt ist. Der berühmteste Teil der Anlage ist die Spindeltreppe im nordwestlichen Turm, die der Architekt Blasius Berwart 1574 errichtete. Sie vereint ein gotisches Konstruktionsprinzip mit reichen Renaissanceornamenten.

Schloss Mannheim

Heute Sitz der Universität

Nachdem Kurfürst Carl Philipp im Jahre 1720 seinen Hof von Düsseldorf nach Mannheim verlegt hatte, befahl er den Bau eines neuen Residenzschlosses. Der Baumeister Johann Clemens Froimont konzipierte eine Ehrenhofanlage, die mit einer Breite von 500 Metern zu den größten Deutschlands gehört. Einige der größten Künstler der Epoche, darunter C. D. Asam, P. Egell und P. A. von Verschaffelt, waren an der Innenausstattung des Residenzschlosses, das um 1760 vollendet wurde, beteiligt. Die einstige Residenz ist heute Sitz der Universität.

▲ Der Mittelpavillon des Corps de Logis (links) wird durch den vorgezogenen Treppenhausbau zusätzlich akzentuiert. Über dem Hauptportal ist das Bronzewappen des Kurfürsten Carl Philipp angebracht. Rechts schließt sich der Ehrenhofflügel an, der in einem kubisch-strengen Eckpavillon endet. Die Gesamtanlage des Schlosses ist eindeutig vom Vorbild Versailles beeinflusst, während die Gestaltung der Außenmauern, deren Gliederung sich bei den Seitenflügeln auf die Fensterrahmungen beschränkt, italienisch inspiriert ist.

▼ Auffälligstes Merkmal des Corps de Logis, dessen von einem Mansarddach bedeckter Mittelpavillon durch einen Dreiecksgiebel und einen Altan betont wird, ist die illusionistische Fassadenbemalung, die der römische Künstler Giovanni Francesco Marchini 1732 schuf. Sie wurde wie das gesamte Schloss nach dem Zweiten Weltkrieg im Zuge einer erst 1990 abgeschlossenen Wiederaufbaukampagne rekonstruiert. Der Bau beherbergt heute eine Außenstelle des Badischen Landesmuseums.

Schloss Bruchsal

Weltberühmtes Treppenhaus

Die Residenz der Fürstbischöfe von Speyer, eine der originellsten Schöpfungen des Deutschen Barock, wurde am 1. März 1945 durch Bombardements in Schutt und Asche gelegt. In mühsamer Kleinarbeit wurde die vielgliedrige Anlage rekonstruiert, die 1720 von Kardinal Damian Hugo von Schönborn, der wie seine Brüder, ebenfalls hohe Würdenträger, vom »Bauwurmb« besessen war, in dem Dorf in Auftrag gegeben wurde. Diverse Architekten waren nacheinander mit den Planungen beschäftigt. Weltruhm erlangte das Schloss jedoch durch sein gewaltiges Treppenhaus, das Balthasar Neumann 1731 entwarf. Die Innendekorationen schufen Künstler von hohem Rang, darunter der Stuckateur Johann Michael Feuchtmayer (1696–1772), einer der Hauptmeister des süddeutschen Rokoko.

Burg Hohenzollern

Romantisches Mittelalter bei Hechingen

Als der preußische Kronprinz Friedrich Wilhelm im Jahre 1819 die Burg Hohenzollern besuchte, bot sich ihm ein trauriges Bild: Von der Stammburg seines Hauses hatten lediglich klägliche Reste die Jahrhunderte überdauert, denn die auf der Schwäbischen Alb verbliebene Nebenlinie hatte bereits Ende des 16. Jahrhunderts den Wohnsitz gewechselt, sodass die Anlage nach zeitweiliger Nutzung als Festung dem Verfall überlassen wurde. So beschloss der mittlerweile König gewordene Friedrich Wilhelm im Jahr 1846 den Wiederaufbau der Burg. Der Schinkel-Schüler A. Stüler schuf 1850–1867 einen neugotischen Bau, der vornehmlich dem Gedenken des Hauses Hohenzollern dienen sollte.

◀ Als König Friedrich Wilhelm IV., der »Romantiker auf dem Königsthron«, den Wiederaufbau der Stammburg seines Hauses beschloss, forderte er keine historisch getreue Rekonstruktion, sondern eine Anlage, die seinen romantisch verklärten Vorstellungen vom Mittelalter entsprechen und das Andenken seiner Vorfahren würdig vertreten sollte. Die Burg Hohenzollern kann hinsichtlich ihres Bekanntheitsgrades nicht mit Neuschwanstein konkurrieren, doch besitzt auch sie den Zauber eines versponnenen Fantasieprodukts.

▲ Die Schlosskapelle St. Michael ist der einzige original mittelalterliche Teil der Burganlage. Sie wurde 1461 an Stelle eines 1423 zerstörten romanischen Vorgängerbaus in spätgotischen Formen errichtet. Die Netzgewölbe in Schiff und Chor sind typisch für ihre Entstehungszeit. Die bemalten Glasscheiben aus dem späten 13. Jahrhundert zierten einst die Hohenzollernsche Gruftkapelle in Stetten.

Schloss Schwetzingen

Der Vorläufer des Englischen Gartens

Die Bedeutung dieser Sommerresidenz beruht weniger auf dem Hauptschloss, das in seiner heutigen Gestalt auf das 18. Jahrhundert zurückgeht, als vielmehr auf dem großartigen Park: Dem Schloss ist ein Rondell vorgelagert, das von Zirkelbauten eingefasst wird. Die anschließende Boskettzone wurde von dem Hofarchitekten Nicolas Pigage (1723–1796) ab 1766 mit diversen Parkbauten ausgestattet. Ab 1776 ergänzte F. L. von Sckell (1750–1823) die Anlage im Stil englischer Landschaftsgärten – ein für Deutschland neuartiges Konzept, das Sckell später auch beim Bau des Englischen Gartens in München anwandte.

◀ Die Schwetzinger Schlossanlage diente lange Zeit den Kurfürsten von der Pfalz und später auch den Großherzögen von Baden als Sommerresidenz und Jagdschloss. Ihre heutige Gestalt verdankt sie den Umbaumaßnahmen des Heidelberger Architekten J. A. Breunig, der dem Schloss seine nüchterne, etwas einfallslos wirkende Fassade gab. Im Vordergrund ist das von Zirkelbauten umgebene, begrünte Rondell zu sehen, dessen Zentrum die so genannte Arionfontäne ist, der vier kleinere Nebenbassins zugeordnet sind.

▲ Von der Liegefigur des Flussgottes im Vordergrund gleitet der Blick über die unbewegte Oberfläche eines Sees, der in großer Entfernung an baumbestandenen Ufern zu enden scheint: Der jüngere Teil des Schwetzinger Schlossparks ist eines der bedeutendsten Beispiele des englischen Gartenstils. Dieser wollte Landschaftsansichten schaffen, die bildhafte, romantische Assoziationen von frei gewachsener Natur wecken – ganz im Sinne einer auf eine bewusste Wiedergewinnung der Natürlichkeit ausgerichteten Kunstauffassung.

KÖNIGSRESIDENZEN UND MÄRCHENSCHLÖSSER

Von Bayern an den Bodensee

Im Süden Deutschlands übertrafen sich ab dem 18. Jahrhundert die großen Kirchenfürsten und die bayerischen Herzöge aus dem Hause Wittelsbach, die 1806 die Königswürde erlangten, mit der Errichtung großer Repräsentationsbauten. Aus ganz Europa kamen bedeutende Baumeister und Künstler wie der Graubündener Enrico Zuccalli, der Venezianer Giovanni Battista Tiepolo oder der Flame François de Cuvilliés und schufen Meisterwerke des Barock und des Rokoko. Und dann war da schließlich noch der Märchenkönig Ludwig II., der, als die Monarchie ihrem Ende zuging, seinem Land die bis heute wohl beeindruckendsten Bauten hinterließ: Unwirkliche Traumschlösser, geschaffen aus der Hand von Bühnenbildnern und Kulissenmalern.

◄ Das Zentrum der Eremitage bei Bayreuth ist das Neue Schloss mit dem so genannten Sonnentempel. Markgräfin Wilhelmine von Bayreuth, die die Eremitage 1735 als Geschenk erhielt, ließ bei der Ausgestaltung der Anlage ihre an Dichtung und Bühne geschulte Fantasie spielen.

Würzburger Residenz

Meisterwerk barocker Kunst

Der neu gewählte Fürstbischof von Würzburg, ein Mitglied der Familie Schönborn, beschloss 1719, seine Residenz von der Feste Marienberg hinunter in die Stadt zu verlegen. Die Leitung des gigantischen Projektes wurde Neumann anvertraut, der sich vor allem als Organisator hervortat und die Entwurfsideen großer Baumeister der damaligen Zeit – darunter Johann Lukas von Hildebrandt, Germain Boffrand und Maximilian von Welsch – mit seinen eigenen zu einer harmonischen Einheit verschmelzen konnte. So entstand der wohl wichtigste Schlossbau des deutschen Barock, der durch die prächtigen Fresken des Venezianers Giovanni Battista Tiepolo (1696–1770) und seiner Söhne zusätzlichen Glanz erhält.

▲ Der Mittelpavillon der Gartenfront erinnert in seiner Gesamtanlage, seinem Wellengiebel und den fantasievollen Fensterverdachungen nicht von ungefähr an den Mittelpavillon des Belvedere in Wien, denn schließlich dürfte der kaiserliche Hofarchitekt J. L. von Hildebrandt selbst die Vorentwürfe geliefert haben. Balthasar Neumann veränderte diese, indem er die Mauern stärker schichtete und durch die Verwendung von Halbsäulen dem Block stärkere Plastizität verlieh.

▶ Der Kaisersaal befindet sich im ersten Obergeschoss des gartenseitigen Mittelpavillons und nimmt somit eine zentrale Stellung in der Raumfolge des Schlosses ein. Seine Freskenausstattung von der Hand G. B. Tiepolos (geschaffen 1749–1753) nimmt Bezug auf das deutsche Kaisertum und dessen Verbindung zum Würzburger Bistum – unter anderem ist auch die Trauung des Kaisers Friedrich Barbarossa mit Beatrix von Burgund durch den Würzburger Bischof dargestellt. Die Abbildung zeigt den Gewölbeansatz mit seinen Stichkappen, die mit Rocaillen und Gitterwerk dekoriert sind.

▶ Die Hofkirche der Würzburger Residenz, erbaut und ausgestattet zwischen 1732 und 1743, ist eine der genialen Raumschöpfungen B. Neumanns: In einen rechteckigen Raummantel stellte der Architekt eine Folge von sich überschneidenden, ovalen Teilräumen ein, deren Krümmung von den Wänden und der umlaufenden Empore, wie auf dem Bild zu sehen, nachvollzogen wird. Hierdurch wird der Kirchenraum in eine dynamische Schwingung versetzt. Die prächtige Dekoration der Hofkirche geht auf Ideen J. L. von Hildebrandts zurück.

▶ Das Treppenhaus der Residenz ist einer der absoluten Höhepunkte der Barockkunst. Das gewaltige Deckenfresko Tiepolos korrespondiert mit der genialen Raumkunst Neumanns: Der Besucher kann vom Vestibül aus die Dimensionen der Anlage kaum erahnen, erst der Aufstieg über die dreiläufige Treppenanlage eröffnet ihm die Weite des Raumes. Die einzelnen Abschnitte des Freskos erschließen sich in einer durch die Architektur bestimmten Reihenfolge.

▲ Die Gesamtansicht der Nürnberger Burg wird von der links zu sehenden Kaiserburg, die den deutschen Kaisern als Residenz diente, dominiert. Einen weiteren Akzent setzt der runde Bergfried, der als »Sinnwellturm« bezeichnet wird. Von der rechts daneben liegenden Burggrafenburg sind heute nur noch spärliche Überreste erhalten. Der eckige Turm in der Mitte, der Heidenturm, ist der hervorragend erhaltenen Burgkapelle, einem romanischen Hallenbau von etwa 1180, vorgelagert.

▶ Die Bautechnik des Fachwerks, die das Bild des alten Nürnberg prägte, ist auch auf dem äußeren Burghof, der der Kaiserburg vorgelagert ist, vertreten. Das Fachwerk entwickelte sich auf der Grundlage germanischer Zimmermannskunst und ist bis in die erste Hälfte des 7. Jahrhunderts zurückzuverfolgen. Seinen Höhepunkt erlebte es im 16. Jahrhundert, als Fachwerkhäuser zu Trägern bunter Schnitzereien wurden. Aus etwa dieser Zeit dürfte auch der abgebildete Bau stammen.

Nürnberger Burg

Machtzentrum einer Reichsstadt

Die Nürnberger Burg gehörte zu den bedeutendsten Kaiserpfalzen des Mittelalters. Kaiser Friedrich I. Barbarossa ließ sie ab etwa 1170 in großzügiger Weise ausbauen. Als Kaiser Karl V. hier 1359 die »Goldene Bulle« unterschrieb, schlug er der Stadt und damit der Burg den ersten Reichstag jedes neu gewählten Kaisers zu. Der Burgkomplex gliedert sich in die Kaiserburg, die im 15. Jahrhundert unter Verwendung staufischer Bauteile umgebaut wurde und ihre heutige Gestalt erhielt, die so genannte Burggrafenburg (Sitz der Burgverwalter) und die Kaiserstallung von 1494/95. Die Burggrafenburg ist insofern von historischem Interesse, als hier der Aufstieg eines der wichtigsten europäischen Herrscherhäuser seinen Anfang nahm: Das Amt der Burggrafen versahen jahrhundertelang Mitglieder des Hauses Zollern, das dereinst unter dem Namen Hohenzollern Weltgeschichte schreiben sollte.

Neue Residenz in Bamberg

Frühester barocker Palastbau Frankens

Die Neue Residenz entstand im Wesentlichen in zwei Bauphasen. Die zwei westlichen Flügel, die in stumpfem Winkel aneinander gefügt sind, wurden 1601–1613 nach Plänen von Jakob Wolff d. Ä. errichtet. Fürstbischof Lothar Franz von Schönborn, einer der großen Bauherren seiner Zeit, ließ ab 1695 durch Johann Leonhard Dientzenhofer (1660–1707) zwei weitere Flügel anfügen. Diese Gebäudeteile hätten mit einem dritten Flügel einen Ehrenhof bilden sollen, doch die Wirren des Spanischen Erbfolgekrieges verhinderten weitere Baumaßnahmen. So präsentiert sich die Bamberger Residenz heute als ein Torso, der eine merkwürdige Zickzacklinie beschreibt, jedoch in dem am Ostende gelegenen Vierzehnheiligenpavillon einen kraftvollen Abschluss findet.

▶ Die einzige plastische Zier des Kaisersaales sind die Kamine von Kaspar Vogel. Melchior Steidl schuf 1707/1708 die Freskendekoration, die Rahmenarchitekturen für die figürlichen Darstellungen suggeriert. Diese nehmen Bezug auf das deutsche Kaisertum. Das Mittelbild der Decke zeigt eine Allegorie des »Guten Regiments«, wohingegen in den Ecken die vier Weltreiche dargestellt sind. Die Wandpfeiler zeigen Porträts deutscher Kaiser, darunter Heinrich II., der im Jahr 1007 das Bistum Bamberg gegründet hatte.

◀ Dem von J. L. Dientzenhofer erbauten Hauptflügel schließt sich links der Stadtflügel an. Der Bereich des Haupteingangs wird durch einen fünfachsigen Giebel hervorgehoben. Die Mauern besitzen eine strenge Pilastergliederung, die in Verbindung mit den Fensterverdachungen und Gurtgesimsen an die Hoffront des Palazzo Farnese in Rom erinnert. Linker Hand hätte der dritte Flügel angefügt werden sollen. Beachtenswert sind überdies die in der Form von Miniaturarchitekturen ausgeführten Kaminköpfe.

IOSEPHUS. I.

Eremitage zu Bayreuth

Traum einer Markgräfin

Die Eremitage zu Bayreuth gehört zu den außergewöhnlichsten Schlossanlagen Europas. Als Eremitage (franz. Einsiedelei) bezeichnet man ein in einem abgelegenen Winkel eines großen Schlossparks liegendes, bewusst ärmlich gehaltenes Gebäude, in dem man einem romantisch-verklärten Einsiedlerleben frönte. Bei der Bayreuther Eremitage wurde diese Idee zum Leitmotiv einer ganzen Schlossanlage: Markgräfin Wilhelmine war an dem Konzept des Komplexes maßgeblich beteiligt. Auf ihr Betreiben hin wurde das 1715–1718 als Eremitage errichtete Alte Schloss umgebaut und zwischen 1749 und 1753 das Neue Schloss hinzugefügt. Dabei gelang eine einzigartige architektonische Integration von Kunst und wilder Natur.

◀ Das Neue Schloss besteht aus einem achteckigen, überkuppelten Mittelpavillon, der als Sonnentempel bezeichnet wird, und zwei flankierenden Zirkelbauten, deren Fronten sich in Arkadengängen öffnen. Auf der Kuppelspitze erhebt sich die vergoldete Statue des Apollo. Dem Schlossbau liegt ein kompliziertes Programm zu Grunde, das auf die Vermählung von Kunst und Natur abzielt – somit handelt es sich um eine noch weiter verfeinerte Weiterentwicklung des Eremitagengedankens.

▼ Joseph Saint-Pierre und Carl Philipp von Gontard, der auch in Potsdam tätig war, zeichneten als Architekten für den Bau des Neuen Schlosses verantwortlich. Am Ausgang des Rokoko entstanden, besitzen seine Formen zwar noch eine gewisse Dynamik, so etwa im vielfach vor- und zurückschwingenden Gesims, jedoch macht sich die Strenge des herannahenden Klassizismus schon bemerkbar. Die Wände sind mit farbigen Glasflüssen und Bergkristallen verkleidet, wodurch auf das Wasser als Symbol des Paradiesischen angespielt wird – ein weiteres Beispiel für die Annäherung von Kunst und Natur.

Schloss Schleißheim

Werk eines ehrgeizigen Bayern

Kurfürst Max II. Emanuel von Bayern hegte Großmachtambitionen: Er strebte nach der spanischen Krone. Um diesen Anspruch deutlich zu machen, ließ er ab 1701 auf dem Gelände des bereits im 1600 gegründeten Landsitzes Schleißheim das heutige Neue Schloss durch seinen Hofarchiteken Enrico Zuccalli (1642–1724) in bewusster Konkurrenz zum Louvre und Schloss Schönbrunn errichten. Die Bauarbeiten wurden im Jahr 1704, nachdem der Kurfürst die Entscheidungsschlacht im Spanischen Erbfolgekrieg verloren hatte, unterbrochen und erst 1719 unter dem neuen Hofarchitekten Joseph Effner (1687–1745) weitergeführt. Bedeutende Barockkünstler besorgten die prachtvollen Innenräume.

▲ Die Abbildung zeigt die Westfassade des Neuen Schlosses, das letztlich ein Torso ist, denn gemeinsam mit diesem hätten zwei weitere Flügel von ähnlichen Ausmaßen einen Ehrenhof umschließen sollen – die Anlage hätte zu den größten Europas gezählt. Der Wandaufriss mit seinen Kolossalpilastern lässt sich von Palastbauten Berninis herleiten, die perspektivisch angelegten Fensterlaibungen des Obergeschosses sind von Borromini inspiriert.

Schloss Nymphenburg

Sommersitz der Wittelsbacher

Schloss Nymphenburg diente zuerst als Landsitz der Wittelsbacher, wurde jedoch nach dem Ausbau bald zur wichtigsten Nebenresidenz. Der Mittelbau des heutigen Hauptschlosses wurde ab 1664 durch Agostino Barelli als »villa suburbana« angelegt, seine Nachfolger E. Zuccalli und J. Effner bauten Nymphenburg in der Folge zu einer der größten Schlossanlagen Deutschlands aus. Unter den diversen Parkburgen, die in dem rund zwei Quadratkilometer großen Schlosspark errichtet wurden, ragt die Amalienburg, geschaffen 1734–1739 von François de Cuvilliés (1695–1768), als eines der bedeutendsten Werke des deutschen Rokoko hervor.

▲ Der Reiz des Außenbaus von Schloss Nymphenburg besteht nicht im Reichtum seiner Fassaden, sondern in der harmonischen Zusammenfügung klar voneinander getrennter kubischer Baukörper. Der Mittelpavillon, der als Einziger eine aufwändige Gliederung aufweist, lässt seine ursprüngliche Bestimmung als »villa suburbana« noch erahnen. Kurfürstin Henriette Adelaide hatte den Bau 1664 in Auftrag gegeben, nachdem ihr Gemahl Ferdinand Maria ihr das Areal aus Anlass der Geburt ihres Sohnes, des späteren Kurfürsten Max Emanuel, geschenkt hatte.

Schloss Neuschwanstein

Traumschloss für einen Märchenkönig

Schloss Neuschwanstein ist die Stein gewordene Fantasie seines Bauherrn Ludwig II. (1845–1886). Der König wollte ein Bauwerk »im echten Styl der alten deutschen Ritterburgen« errichten lassen, wobei die Wartburg, die Ludwig kurz zuvor besucht hatte, als Vorbild diente. Zudem sollte das Schloss »Reminiscenzen« aus den Wagneropern »Tannhäuser« und »Lohengrin« wecken und dem geliebten Komponisten gewidmet werden. Der Mythos Neuschwanstein, der das Bild des verwunschenen mittelalterlichen Schlosses insbesondere in Übersee geprägt hat und für Disneyland kopiert wurde, lässt die Namen seiner Architekten in den Hintergrund treten. Eduard Riedel hatte den Bau nach Plänen des Theatermalers Christian Jank im Jahr 1869 begonnen, ihm folgten Georg Dollmann und Julius Hofmann. Als Ludwig II. 1886 starb, war das Schloss nicht vollendet und wurde umgehend zur Besichtigung freigegeben.

▶ Über den künstlerischen Wert historistischer Bauten mag man auch heute noch geteilter Meinung sein, doch in dem spektakulär auf einer Felsenhöhe oberhalb der tiefen Pöllatschlucht gelegenen, die Topografie des Standortes geschickt ausnutzenden Schlosses Neuschwanstein hinterließ diese Stilrichtung ein absolutes Meisterwerk. Dem Architekten E. Riedel oblag die Planung des Baus, jedoch griff der Bühnenbildner Ch. Jank entscheidend in diese ein – mit dem Ergebnis, dass eine Anlage entstand, die als Inbegriff malerischer Architektur gelten kann.

◀ Die Aufnahme zeigt die Rückseite des Wohnbaus der neoromanischen Burg, den Palas. Dem Vorbild mittelalterlicher Burgen entsprechend ist die Schmalseite des Baublocks mit einem Söller versehen, von dem aus sich ein imposanter Blick auf die umliegende Alpenlandschaft bietet. Der Palas enthält unter anderem den (nicht vollendeten) Thronsaal, dessen Aufbau an byzantinische Kirchen erinnert.

Schloss Linderhof

Einzigartige königliche Villa

Schloss Linderhof entstand in seiner heutigen Form ab 1874 nach Plänen von G. Dollmann. Der Architekt vereinte dabei in eklektischer Weise verschiedene Elemente deutscher Barock- und Rokokobauten. Die Innenräume, an deren Gestaltung auch der auf Theaterdekorationen spezialisierte Franz Seitz und der Bühnenmaler Ch. Jank teilhatten, sind in einer nach Ludwig II. benannten Abart des Neurokoko dekoriert. Das Bildprogramm von Linderhof nimmt Bezug auf das vom König bewunderte französische Königtum des Absolutismus. Der Schlossgarten wurde 1872–1880 durch Carl von Effner angelegt. Hier wurde ein vor der Hauptfassade liegendes, geometrisch angelegtes Parterre samt Fontäne mit einem Landschaftsgarten, der sich harmonisch in die umliegende Gebirgslandschaft einfügt, verbunden.

◀ Das Schloss, dem ein statuengeschmücktes Gartenparterre vorgelagert ist, ähnelt trotz des königlichen Ranges seines Bauherrn gleichzeitigen Villenbauten des Großbürgertums. Der Architekt G. Dollmann nahm bei seinem Entwurf der Südfassade diverse Anleihen bei Bauten des deutschen Barock: Während die rustizierten Säulen und Pilaster an Palästen des Frühbarock wiederzufinden sind, ist der Giebel, den eine vom Dresdner Zwinger übernommene Atlasfigur krönt, der Formensprache des Wiener Baumeisters J. L. von Hildebrandt verpflichtet.

▲ Die Mittelachse des Schlossparks ist ein Musterbeispiel für die Inszenierung einer Gartenanlage mit architektonischen Mitteln: Eine auf einem Berghang angelegte Kaskadenanlage führt auf den Schlossbau zu, dem auf der gegenüberliegenden Seite das Gartenparterre vorgelagert ist. Von diesem gelangt man zu der durch eine Freitreppe erschlossenen Terrassenanlage. Sie bildet mit ihrem Monopteros als Point de Vue den Abschluss der Hauptachse.

◀ Der gusseiserne Maurische Kiosk wurde um 1850 von Karl von Diebitsch in Berlin geschaffen und war ursprünglich für die Pariser Weltausstellung bestimmt. Sein nachmaliger Besitzer, der Unternehmer Strousberg, ging in den 1870er-Jahren in Konkurs, sodass Ludwig II. den Kiosk 1876 erwerben und im Park von Linderhof aufstellen lassen konnte. Die Farbfenster und den Pfauenthron fügte erst Dollmann hinzu, wodurch ein kleines Gesamtkunstwerk entstand, das Ausdruck der zu damaliger Zeit in Europa gepflegten Orientmode ist.

▲ Im Vordergrund ist der Latonabrunnen zu sehen, dessen Schöpfer Johann Hautmann sich die gleichnamige Anlage in Versailles zum Vorbild nahm. Ähnliches gilt für die Gartenfassade des Schlosses, die Ludwig II. in getreuer Anlehnung an das Versailler Werk der Architekten L. Le Vau und J. Hardouin-Mansart errichten ließ. Vor der Realisation seines Traumschlosses hatte der König das französische Original anhand von Stichen und eigens angefertigten Fotografien eingehend studiert.

▶ Auf den ersten Blick ist die Spiegelgalerie von Herrenchiemsee kaum von ihrem Versailler Vorbild zu unterscheiden. Ihre Längen- und Höhenausdehnung übertrifft jedoch das Original. Eine weitere Abweichung besteht darin, dass das gemalte Rahmenwerk der Decke von Versailles in Herrenchiemsee plastisch gearbeitet wurde. Die Deckenfresken von Ch. Le Brun ließ Ludwig II. dagegen so genau wie möglich nachbilden. Die Kandelaber und Lüster mit ihren über 2000 Kerzen tragen nicht unwesentlich zur Wirkung des atemberaubend prächtigen Raumes bei.

Schloss Herrenchiemsee

Das Versailles Ludwigs II.

Unter all seinen Schlossprojekten ist Herrenchiemsee dasjenige, in dem König Ludwig II. seine verklärte Vorstellung eines absoluten Königtums, das ihm im Zeitalter der konstitutionellen Monarchie verwehrt war, am reinsten zum Ausdruck bringt. Nach dem Kauf der Herreninsel im Chiemsee 1873 wurde der Schlossbau im Mai 1878 nach Entwürfen G. Dollmanns in direkter Anlehnung an das Schloss von Versailles begonnen. Man wich jedoch vom französischen Original ab, indem man die Fassadengestaltung einheitlich hielt, den Grundriss straffte und einigen Repräsentationsräumen durch größere Dimensionierung zusätzliche Dominanz verlieh. Die Bauarbeiten schritten zügig voran, sodass König Ludwig bereits im September 1885 einige Tage in seinem Schloss verbringen konnte.

Schloss Mainau

Residenz des Deutschen Ritterordens

Die Insel Mainau im Bodensee war seit 1271 im Besitz des Deutschen Ritterordens. Dieser ließ das Schloss 1739–1746 durch den ordenseigenen Architekten Giovanni Gaspare Bagnato (1696–1757) an der Stelle einer mittelalterlichen Burg erbauen. Es entstand ein Dreiflügelbau mit Ehrenhof und erhöhtem Mittelpavillon, der in der Gesamtanlage französischen Vorbildern folgte. Das sparsam gegliederte Äußere birgt einige reich ausgestattete Räume, so den so genannten Weißen Saal mit Stuckaturen, die wahrscheinlich von Francesco Pozzi angefertigt wurden. Hervorzuheben ist die Schlosskirche, ein Saalraum, der 1732–1739 zur Ausführung kam. Franz Joseph Spiegler freskierte das Gotteshaus, Joseph Anton Feuchtmayer schuf die Altaraufbauten und diverse Figuren.

◀ Der Baumeister G. G. Bagnato legte das Deutschordensschloss in einfachsten Formen an. Die mit Segmentbögen abschließenden Stichfenster, die rustizierten Eckverstärkungen und die hufeisenförmige Anordnung der Baukörper entnahm er französischen Vorbildern. Der Mittelpavillon wurde auf originelle Weise betont, indem Bagnato das Gesims wellenförmig auf- und absteigen ließ.

▲ Nachdem Großherzog Friedrich I. von Baden die Insel Mainau im Jahre 1853 erworben hatte, ließ er diese zu einem prächtigen Park umgestalten. Dem feuchtwarmen Bodenseeklima ist die üppige Vegetation zu verdanken, die den heutigen Ruhm der Mainau ausmacht: Neben dichten Wäldern findet sich eine beeindruckende Vielfalt von Gewächsen unterschiedlichster Art, unter denen die Orangenbäume als exotische Spezies hervorzuheben sind.

Altes Schloss Meersburg

Ältestes noch bewohntes Schloss

Das Alte Schloss wurde einer Legende zufolge bereits im 7. Jahrhundert gegründet, die ältesten erhaltenen Teile stammen jedoch aus der Zeit um 1100. Der Bau gelangte um 1268 in den Besitz der Fürstbischöfe von Konstanz, die hier während der Reformation 1526–1712 ihre Residenz hatten. Zum Museum des Schlosses, das zum Teil bis heute bewohnt wird, gehören auch die Wohn- und Arbeitsräume der Dichterin Annette von Droste-Hülshoff, die 1843/1844 und von 1846 bis zu ihrem Tod 1848 im Alten Schloss lebte und arbeitete.

▲ Postkartenromantik allererster Güte: Im Vordergrund das am Ufer des Bodensees gelegene Alte Schloss von Meersburg, am Horizont die Bergkette der Schweizer Alpen. Die Anlage wird von dem massigen Bergfried beherrscht, dem so genannten »Dagobertsturm«, der wahrscheinlich im 12. Jahrhundert entstand. Durch Umbaumaßnahmen in den ersten Jahrzehnten des 16. Jahrhunderts, in deren Verlauf auch die Rundtürme an den Ecken entstanden, erhielt das Schloss seine heutige Gestalt.

▲ Der Außenbau des Neuen Schlosses in Tettnang vereinigt in sich, bedingt durch den Brand im Jahre 1753, Stilelemente verschiedener Epochen und Herkunft. Die mächtigen Kolossalpilaster, die, sämtliche Geschosse übergreifend, die Fassade in monumentaler Weise gliedern, dürften der Planung Gessingers entsprechen und sind italienisches Formengut. Jakob Emele, der das Schloss nach dem Brand erneuerte, fügte den französisch anmutenden Mittelgiebel und die Mansarddächer hinzu.

Neues Schloss Tettnang

Residenz derer von Montfort

Graf Anton III. von Montfort ließ ab 1712 das Neue Schloss an der Stelle eines mittelalterlichen Vorgängerbaus errichten. Die Entwürfe lieferte Christoph Gessinger (um 1670–1735), der durch die Planung des Neuen Schlosses zu Meersburg auf sich aufmerksam gemacht hatte. Für das Neue Schloss griff er auf den bereits antiquierten Typus des Renaissanceschlosses zurück und verband die vier Flügel mit um 45 Grad gedrehten Ecktürmen. Nach einem Brand im Jahre 1753 wurden einige Räume unter Beteiligung der wichtigsten Vertreter des schwäbischen Rokoko erneuert.

Burg Trausnitz bei Landshut

Stammsitz der Wittelsbacher

Die Burg Trausnitz wurde im Jahre 1204 von Herzog Ludwig dem Kelheimer als Stammburg der seit 1180 in Altbayern herrschenden Wittelsbacher gegründet. 1255 wurde sie Regierungssitz des Teilherzogtums Niederbayern. Im Laufe der Jahrhunderte erfuhr die Burg zahlreiche Um- und Anbauten, insbesondere durch den späteren Herzog Wilhelm V., der von 1568 bis 1579 hier in Erwartung seines Machtantrittes residierte. Wilhelm ließ seine Prinzenresidenz im Stile der Renaissance umgestalten. Künstlerischer Leiter des Umbauprojektes war der in Italien geschulte Niederländer Friedrich Sustris. Unglücklicherweise ging ein Großteil der Innenausstattung bei einer Brandkatastrophe im Jahr 1961 verloren. Erhalten blieben jedoch die Narrentreppe mit ihren Fresken, die Szenen aus der Commedia dell´Arte darstellen, sowie die Burgkapelle, die mit hochwertigen Skulpturen der deutschen Frühgotik ausgestattet ist.

◀ Die Burg Trausnitz im Licht der milden Abendsonne: Niemand würde bei diesem Anblick vermuten, dass die Anlage Opfer einer schrecklichen Brandkatastrophe wurde. Dabei ging eines der wertvollsten Renaissanceinterieurs Deutschlands verloren, zu dem auch die prächtige Wartstube, 1578/1579 für den Prinzen Wilhelm ausgestattet, gehört. Auch das königliche Appartement im zweiten Geschoss des Fürstenbaus, das Schmidtner und Dollmann für König Ludwig II. bis 1878 in »deutscher Renaissance« ausgestalteten, wurde ein Opfer der Flammen.

▼ Die doppelten Arkadenreihen des Innenhofs der Burg Trausnitz gehören zu den bedeutendsten Bauwerken der Renaissance in Deutschland. Wilhelm verwandelte damit eine Burg in ein Renaissanceschloss. Die Maueroberfläche wird durch raue Rustikaquader belebt. Die Einfügung von kleinen Arkadenöffnungen, die einer zentralen großen Arkade beigeordnet sind und mit dieser eine Dreiergruppe bilden, belebt die Fassade. Die Proportionen weichen von den Idealen der italienischen Renaissance ab.

Adressen und Informationen

Schloss Ahrensburg
Lübecker Straße 1
22926 Ahrensburg
Tel. 0 41 02/4 25 10
▶ Apr.–Sep. Di–So 10.00–12.30 und 13.30–17.00 Uhr, Okt., Feb., März 10.00–16.00 Uhr, Nov.–Jan. 10.00–15.00 Uhr
www.ahrensburg.de
www.schleswig-holstein.de

Albrechtsburg Meißen
Domplatz 1
01662 Meißen
Tel. 0 35 21/470 70
E-Mail: ALBRBURG@aol.com
▶ März–Okt 10.00–17.30 Uhr, Nov.–Feb. 10.00–17.00 Uhr
www.albrechtsburg-meissen.de

Schloss Anholt
Postfach 22 26
46417 Isselburg
Tel. 0 28 74/4 53 53 (4)
▶ Di–So 10.00–17.00 Uhr Besichtigung mit Führung
www.wasserburg-anholt.de
www.burg-hotel-anholt.com
www.muensterland-tourismus.de

Augustusburg
Schlossbetriebsgesellschaft mbH
09573 Augustusburg
Tel. 03 72 91/38 00
E-Mail: Burg-Scharfenstein@t-online.de
▶ Apr.–Okt. 9.00–18.00 Uhr, Nov.–März 10.00–17.00 Uhr
www.augustusburg-schloss.de
www.djh-sachsen.de/jhaugustusburg

Augustusburg, Brühl
Schlossverwaltung
Schlossstr. 6
50321 Brühl
Tel. 0 22 32/4 40 00
▶ Di–Do 9.00–12.00 Uhr und 13.30–16.00 Uhr
www.bruehl.de

Neues Schloss Bad Wurzach
Pflegehotel Schloss Bad Wurzach
Marktstraße 9/1
88410 Bad Wurzach
Tel. 0 75 64/93 46-0
▶ Mittelbau (Barocktreppenhaus) von 8.00–18.00 Uhr zugänglich.
www.bad-wurzach.de

Neue Residenz in Bamberg
Schloss- und Gartenverwaltung
Domplatz 8
96049 Bamberg
Tel. 09 51/5 19 39-0
▶ Apr.–Sep. 9.00–18.00 Uhr, Do bis 20.00 Uhr, Okt.–März 10.00–16.00 Uhr
www.bamberg.de
www.schloesser.bayern.de

Eremitage zu Bayreuth
Eremitagestraße
95448 Bayreuth
Tel. 09 21/7 59 69 37
▶ Apr.–Sep. 9.00–18.00 Uhr, Do bis 20.00 Uhr, Okt.–März geschl.
▶ Wasserspiele Mai–15. Okt. 10.00–17.00 Uhr. ▶ Innere Grotte nur Sommer, ab ca. zehn Personen.
www.bayreuth.de
www.schloesser.bayern.de

Schloss Branitz
Fürst-Pückler-Museum
Kastanienallee 11
03042 Cottbus/Branitz
Tel. 03 55/75 15 21
▶ Apr.–Okt. Di–So 10.00–17.30 Uhr, Nov.–März Di–So 10.00–16.30 Uhr
www.cottbus.lausitz.de

Schloss Bruchsal
Schlossraum 4
76646 Bruchsal
Tel. 0 72 51/74 26 61
▶ Di–So 9.30–17.00 Uhr
members.aol.com/SchlossBR/Index.htm
www.schloesser-magazin.de

Schloss Bückeburg
Schlossverwaltung
Schlossplatz 1
31675 Bückeburg
Tel. 0 57 22/50 39
▶ Sommerhalbj. 9.30–18.00 Uhr, Winterhalbj. 9.30–17.00 Uhr
www.schloss-bueckeburg.de

Schloss Celle
29221 Celle
Tel. 0 51 41/1 23 73
▶ 10.00–16.30 Uhr
www.celle.de

Schloss Charlottenburg
Spandauer Damm 22
13581 Berlin
Infotel. 03 31/9 69 42 02
Altes Schloss ▶ Di–Fr 9.00–17.00 Uhr, Sa–So 10.00–17.00 Uhr
Neuer Flügel ▶ Di–Fr 10.00–18.00 Uhr, Sa–So 11.00–18.00 Uhr
Mausoleum ▶ Di–So 10.00–17.00 Uhr
Galerie der Romantik, Museum für Vor- und Frühgeschichte ▶ Di–Fr 10.00–18.00 Uhr, Sa–So 11.00–18.00 Uhr
www.spsg.de
www.berlinimweb.de

Reichsburg Cochem
Schlossstr. 36
56812 Cochem
Tel. 0 26 71/2 55
▶ 15. März–Nov. 9.00–17.00 Uhr
www.burg-cochem.de

Deutschordensschloss
Deutschordensmuseum
Schloss 16
97980 Bad Mergentheim
Tel. 0 79 31/5 22 12
▶ Di–So 10.00–17.00 Uhr
www.deutschordensmuseum.de
www.schloesser-magazin.de

Fürstliches Schloss Donaueschingen
Fürstlich Fürstenbergisches Schloss
78166 Donaueschingen
Tel. 07 71/8 65 09
▶ Ostern–Mitte Sep. Mi–Mo 9.00–12.00 und 14.00–17.00 Uhr
www.donaueschingen.de

Elbschlösser
Schloss Albrechtsberg
Bautzner Straße 130
01099 Dresden
Tel. 03 51/8 11 58 22

Schloss Eckberg
Bautzner Straße 134
01099 Dresden
Tel. 03 51/80 99-0
▶ Besichtigung durch Hotelbetrieb nur eingeschränkt möglich.
www.burghotel.de

Villa Stockhausen/Lingnerschloss
▶ Kann nicht besichtigt werden.
www.augustderstarke.de

Burg Eltz
Gräflich Eltz'sche Kastellanei
56294 Münstermaifeld
Tel. 0 26 72/95 05 00
E-Mail: kastellanei@burg-eltz.de
▶ Apr.–Nov. 9.30–17.30 Uhr
www.burg-eltz.de

Erbdrostenhof
Denkmalschutzbehörde Landschaftsverband Westfalen/Lippe
Salzstr. 38
48143 Münster
Tel. 02 51/5 91 01
▶ Innenbesichtigung nicht möglich.
www.muensterland-tourismus.de

Schloss Eutin
Stiftung Schloss Eutin
Schlossplatz
23701 Eutin
Tel. 0 45 21/70 95-0
▶ 14. März–Okt. 10.00–12.00 und 14.00–16.00 Uhr
www.eutin.de

Schloss Glücksburg
24960 Glücksburg
Tel. 0 46 31/22 43
▶ Mai–Okt. 10.00–17.00 Uhr
www.schloss-gluecksburg.de

Kaiserpfalz Goslar
Kaiserbleek 6
38640 Goslar
Tel. 0 53 21/70 43 58 und 7 57 80
E-Mail: Kulturresort@Goslar.de
▶ Apr.–Okt. 10.00–17.00 Uhr, Nov.–März 10.00–16.00 Uhr
www.goslar.de

Schloss Granitz
18609 Binz/Rügen
Tel. 03 83 93/22 63
▶ Mai–Sep. 9.00–17.30 Uhr, Okt.–Apr. Di–So 9.00–16.00 Uhr
www.ruegen.de

Schloss Greiz
Stadtverwaltung Greiz
Markt 12
07973 Greiz
Tel. 0 36 61/70 30
E-Mail: info@greiz.de
Oberes Schloss ▶ Apr.–Okt., Führungen 10.00 und 14.00 Uhr, Sa, So und feiertags zusätzlich 16.00 Uhr
Unteres Schloss ▶ 10.00–12.30 und 13.00–17.00 Uhr
Sommerpalais Greizer Park ▶ Mai–Sep. Di–So 10.00–17.00 Uhr, Okt.–Apr. 10.00–16.00 Uhr
www.greiz.de

Hämelschenburg
Schlossverwaltung
31860 Emmerthal
Tel. 0 51 55/97 08-41
E-Mail: Webmaster@haemelschenburg. de
▶ Apr.–Okt. Di–So 10.00–12.00 und 14.00–17.00 Uhr.
www.haemelschenburg.de

Schloss Heidecksburg
Thüringer Landesmuseum Heidecksburg
Schlossbezirk 1
07407 Rudolstadt
Tel. 0 36 72/42 90 10
E-Mail: Museum@Heidecksburg.de
▶ Di–So 10.00–17.30 Uhr
www.heidecksburg.de
www.rudolstadt.de

Schloss Heidelberg
69117 Heidelberg
Tel. 0 62 21/53 84 14
E-Mail: info@schloss-heidelberg.de
Schlossführungen nach Bedarf
Schlosshof ▶ 8.00– 17.30 Uhr
Deutsches Apotheken-Museum ▶ 10.00–17.30 Uhr
Studentenkarzer-Alte Universität ▶ Apr.–Okt. Di–Sa 10.00–12.00 und 14.00–17.00 Uhr, Nov.–März Di–Fr 10.00–12.30 Uhr und 14.00–17.00 Uhr, Sa 10.00–13.00 Uhr
www.schloesser-magazin.de

Schloss Herrenchiemsee
Schloss- und Gartenverwaltung
83209 Herrenchiemsee
Tel. 0 80 51/6 88 70
Faxabruf 0 80 51/68 87 91
E-Mail: info@herren-chiemsee.de
▶ Apr.–Sep. 9.00–17.00 Uhr, Okt.–März 10.00–16.00 Uhr
www.schloesser.bayern.de
www.schlosshotel-herrenchiemsee.com

Schloss Herrenhausen
Alte Herrenhäuser Straße 14
30419 Hannover
Tel. 05 11/75 09 47
▶ Apr.–Sep. 10.00–18.00 Uhr Nov.–März 10.00–17.00 Uhr
Regenwaldhaus: 9.00–20.00 Uhr
www.herrenhaeuser-gaerten.de

Burg Hohenzollern
Verwaltung Burg Hohenzollern
72379 Burg Hohenzollern
Tel. 0 74 71/24 28
▶ 16. März–15. Okt. 9.00–17.30 Uhr, 16. Okt.–15. März 9.00–16.30 Uhr
www.burg-hohenzollern.com

Schloss Hülshoff
Schönebeck 6
48329 Havixbeck
Tel. 0 25 34/10 52
E-Mail: Info@Burg-Huelshoff.de
▶ Mitte März–Mitte Dez. 9.30–18.00 Uhr
www.burg-huelshoff.de
www.muensterland-tourismus.de

Schloss Husum
Nordhusumer Straße 13
25813 Husum
Tel. 0 48 41/43 34
▶ Apr.–Okt. Di–So 11.00–17.00 Uhr
www.nordfriesland.de

Schloss Jever
Schlossplatz
26441 Jever
Tel. 0 44 61/21 06
▶ März–15. Jan. Di–So 10.00–18.00 Uhr, Jul. und Aug. auch Mo
www.stadt-jever.de
www.schlossmuseum.de

Karlsruher Schloss
Badisches Landesmuseum im Schloss
76131 Karlsruhe
Tel. 07 21/9 26-65 14
▶ Di–Do 10.00–17.00 Uhr, Fr–So 10.00–18.00 Uhr
www.landesmuseum.de

Kassel Wilhelmshöhe
Schlossmuseum Wilhelmshöhe
Schlosspark 3
34131 Kassel-Wilhelmshöhe
Tel. 05 61/93 57-0
▶ Di–So und feiertags, März–Okt. 10.00–17.00 Uhr, Nov.–Feb. 10.00–16.00 Uhr
www.wilhelmshoehe.de

Burg Katz
▶ Kann nicht besichtigt werden.
www.loreleytal.com/rheinburgen/rechts/katz

Schloss Langenburg
Schloss 1
74595 Langenburg
Tel. 0 79 05/10 41
▶ Karfreitag–1. Nov. 10.00–17.00 Uhr
www.hohenlohekreis.de
www.schlosslangenburg.de

Schloss Lembeck
46286 Dorsten-Lembeck
Tel. 0 23 69/71 67
▶ März–Okt. 10.00–17.00 Uhr
www.lembeck-online.com
www.muensterland-tourismus.de

Schloss Lichtenstein
72805 Lichtenstein
Tel. 0 71 29/41 02
▶ Apr.–Okt. 8.30–11.45 u. 13.00–17.45 Uhr, Nov.–März Sa, So 9.00–12.00 und 13.00–17.00 Uhr.
www.balingen.de/tourist/burg.htm

Linderhof
Schloss- und Gartenverwaltung
Linderhof 12
82488 Ettal
Tel. 0 88 22/92 03-0 (21)
▶ Apr.–Sep. 9.00–18.00 Uhr, Do bis 20.00 Uhr, Okt.–März 10.00–16.00 Uhr
www.linderhof.de
www.schloesser.bayern.de

Schloss Ludwigsburg
Schlossverwaltung
Schloss-Str. 30
71634 Ludwigsburg
Tel 0 71 41/18 64 10
E-Mail: info@schloss-ludwigsburg.de
Residenzschloss ▶ Mitte März–Okt. 9.00–12.00 und 13.00–17.00 Uhr, Nov.–Mitte März 10.00–12.00 und 13.00–16.00 Uhr
Schloss Favorite ▶ Mitte März–Okt. 9.00–12.00 und 13.30–17.00 Uhr, 31. Okt.–Mitte März Di–So 10.00–12.00 und 13.30–16.00 Uhr
Blühendes Barock ▶ 16. März–4. Nov., Park 8.00–20.00 Uhr
Märchengarten ▶ 9.00–18.00 Uhr
www.ludwigsburg.de
www.schloss-ludwigsburg.de
www.schloesser-magazin.de

Schloss Ludwigslust
Postfach 11 07
19281 Ludwigslust
Tel. 0 38 74/2 81 14
▶ 15. Apr.–14. Okt. Di–So 10.00–18.00 Uhr, 15. Okt.–14. Apr. 10.00–17.00 Uhr
www.stadtludwigslust.de
www.museum-schwerin.de

Schloss Mainau
▶ nur Sonderausstellungen
Blumeninsel Mainau GmbH
78465 Insel Mainau
Tel. 0 75 31/3 03-0
www.mainau.de

Schloss Mannheim
68161 Mannheim
Tel. 06 21/2 92 28 90
▶ Apr.–Okt. Di–So 10.00–17.00 Uhr, Nov.–März Sa, So und feiertags 10.00–17.00 Uhr
www.tourist-mannheim.de

Mäuseturm Bingen
▶ Kann nicht besichtigt werden.
www.tal-der-loreley.de

Marksburg
Deutsche Burgenvereinigung
Marksburg
56338 Braubach
Tel. 0 26 27/2 06 (5 36)
E-Mail: dbv.marksburg@deutsche-burgen.org
▶ Ostern–Okt. 10.00–17.00 Uhr, Nov.–Ostern 11.00–16.00 Uhr, 24. Dez.–1. Jan. geschl.
www.marksburg.de

Burg Maus
Adler- und Falkenhof Burg Maus
56346 St. Goarshausen-Wellmich
Tel. 0 67 71/76 69
E-Mail: info@burg-maus.de
▶ 20. März–Anfang Okt. tägl. ab 10.00 Uhr
www.burg-maus.de
www.loreleytal.com/rheinburgen/rechts/maus

Altes Schloss Meersburg
Schloss Meersburg GmbH
Schlossplatz 10
88709 Meersburg
Tel. 0 75 32/8 00 00
▶ März–Okt. 9.00–18.00 Uhr, Nov.–Feb. 10.00–17.30 Uhr
www.meersburg.de
www.burg-meersburg.de
www.schloesser-magazin.de

Moritzburg
Schlossinsel
01468 Moritzburg
Tel. 03 52 07/87 30
▶ März u. Nov. Di–So 10.00–16.30 Uhr, Apr. Di–So 10.00–17.30 Uhr, Mai–Okt. Mo–So 10.00–17.30 Uhr, Dez. Di–So 10.00 Uhr, 11.00 Uhr, 13.00 Uhr (Rundgänge)
www.moritzburg-regional.de

Residenzschloss Münster
Westfälische Wilhelms-Universität
Schlossplatz 2
48149 Münster
Tel. 02 51/83-0
E-Mail: verwaltung@uni-muenster.de
▶ Innenbesichtigung nicht möglich.
www.muensterland-tourismus.de

Schloss Neuschwanstein
Schlossverwaltung
Neuschwansteinstr. 20
87645 Schwangau
Tel. 0 83 62/8 10 35 und 8 18 01
Führungen: Tel. 0 83 62/9 30 83-0
▶ Apr.–Sep. 9.00–18.00 Uhr, Do bis 20.00 Uhr, Okt.–März 10.00–16.00 Uhr
www.schloesser.bayern.de
www.SchlossNeuschwanstein.com

Norderburg
▶ Kann im Rahmen einer Stadtführung besichtigt werden.
Tourismus GmbH Dornum
Hafenstr. 3
26553 Dornumersiel
Tel. 0 49 33/9 11 10
www.dornum.de

Schloss Nordkirchen
Schloss-Straße
59394 Nordkirchen
Tel. 0 25 96/9 33-4 02
▶ Führungen Sa, So und feiertags stündl. 14.00–18.00 Uhr; mit Anmeldung 9.00–18.00 Uhr
www.nordkirchen.de
www.muensterland-tourismus.de

Nürnberger Burg
Staatliche Burgverwaltung
Auf der Burg 13
90403 Nürnberg
Tel. 09 11/22 57 26
▶ Apr.–Sep. 9.00–18.00 Uhr, Do bis 20.00 Uhr, Okt.–März 10.00–16.00 Uhr
www.nuernberg.de
www.schloesser.bayern.de

Schloss Nymphenburg
Schloss- und Gartenverwaltung
Schloss Nymphenburg, Eingang 1
80638 München
Tel. 0 89/1 79 08-0
▶ Apr.–15. Okt. 9.00–18.00 Uhr, Do bis 20.00 Uhr, 16. Okt.–März 10.00–16.00 Uhr
www.schloesser.bayern.de

Burg Pfalzgrafenstein
56349 Kaub
Tel. 01 72/2 62 28 00
▶ Apr.–Sep. 9.00–13.00 und 14.00–18.00 Uhr, Okt.–März Di–So 9.00–13.00 und 14.00–17.00 Uhr, Dez. geschl.
www.kaub.mittelrhein.net
www.rhein-lahn-info.de/kaub

Schloss Pillnitz
Geschäftsstelle
01326 Dresden
Infotel. 03 51/2 61 32 60
Ausstellungen ▶ im Bergpalais Mai–Okt. Di–So 9.30–17.30 Uhr und ▶ im Wasserpalais Mai–Okt. Mi–Mo 9.30– 17.30 Uhr.
Besucherzentrum Alte Wache ▶ 10.00–16.00 Uhr, Mai–Okt. 10.00–18.00 Uhr
www.dresden-pillnitz.de
www.schlosshotel-pillnitz.de

Schloss Raesfeld
Akademie des Handwerks
Freiheit 27
46348 Raesfeld
Tel. 0 28 65/60 84-0
▶ Innenbesichtigung nicht möglich, Besichtigung der Schlosskapelle und Außenanlagen über:
Verkehrsbüro Raesfeld
Weseler Straße 19
46348 Raesfeld
Tel. 0 28 65/9 55-1 27
E-Mail: vvr@raesfeld.de
www.raesfeld.de
www.muensterland-tourismus.de

Burg Rheinstein
55413 Trechtingshausen
Tel. 0 67 21/63 48
E-Mail: info@burg-rheinstein.de
▶ 15. März–15. Nov. 9.30–17.30 Uhr, 16. Nov.–14. März Mo–Do 14.00–17.00 Uhr, So 10.00–17.00 Uhr, 23. Dez.–2. Jan. geschl.
www.burg-rheinstein.de

Burg Runkel
Burgverwaltung Runkel
Schlossplatz 2
65594 Runkel an der Lahn
Tel. 0 64 82/42 22
▶ Karfreitag–Mitte Okt. Di–So 10.00–17.00 Uhr
www.burg-runkel.de
www.runkel-lahn.de

Sanssouci
An der Orangerie
14414 Potsdam
Tel. 03 31/9 69 42 02
▶ Apr.–Okt. Di–So 9.00–17.00 Uhr, Nov.–März Di–So 9.00–16.00 Uhr
Neues Palais ▶ Apr.–Okt. Sa–Do 9.00–17.00 Uhr, Nov.–März Sa–Do 9.00–16.00 Uhr
www.sanssouci-sightseeing.de
www.spsg.de

Schloss Schleißheim
Schloss- und Gartenverwaltung
Schleißheim-Dachau
Max-Emanuel-Platz 1
85764 Oberschleißheim
Tel. 0 89/31 58 72-0
▶ Apr.–Sep. Di–So 9.00–18.00 Uhr, Okt.–März Di–So 10.00–16.00 Uhr
www.oberschleissheim.de
www.schloesser.bayern.de

Schloss Schönburg
55430 Oberwesel am Rhein
Tel. 0 67 44/9 39 30
▶ Apr.–Okt. 10.00–17.00 Uhr
www.schoenburg.de
www.loreleytal.com/rheinburgen/links/schoenburg
www.burghotel-schoenburg.de

Schloss Schwerin
Lennéstraße 1
19053 Schwerin
Tel. 03 85/52 50
▶ 15. Okt.–14. Apr. Di–So 10.00–17.00 Uhr, 15. Apr.–14. Okt. Di–So 10.00–18.00 Uhr
www.museum-schwerin.de
www.schwerin.de

Schloss Schwetzingen
Schlossverwaltung
68737 Schwetzingen
Tel. 0 62 02/8 14 82 (84)
E-Mail: info@schloss-schwetzingen.de
▶ Apr.–Okt. Di–So 10.00–16.00 Uhr, Nov.–März Sa, So 11.00–15.00 Uhr, Fr 11.00–14.00 Uhr
www.markt-schwetzingen.de/schloss/schloss1.htm
www.schloesser-magazin.de

Burg Stahleck
Jugendherberge Burg Stahleck
55422 Bacharach
Tel. 0 67 43/12 66
E-Mail: jh-bacharach@djh-info.de
▶ Burghof kann besichtigt werden.
www.bacharach.de

Schloss Stolzenfels
56075 Stolzenfels
Infotel. 02 61/5 16 56
▶ Apr.–Sep. 9.00–13.00 und 14.00–18.00 Uhr, Okt.–März 9.00–13.00 und 14.00–17.00 Uhr, Dez. und am 1. Werktag jeder Woche geschl.
www.koblenz.de
www.loreleytal.com/rheinburgen/links/stolzenfels

Neues Schloss Stuttgart
Schlossplatz
70173 Stuttgart
Tel. 07 11/66 73-43 31
▶ Besichtigungen im Rahmen von Sonderführungen.
www.schloesser-magazin.de
www.schlossgarten.de/un/neuesschloss/nschloss.html

Neues Schloss Tettnang
Montfortplatz 1
88069 Tettnang
Tel. 0 75 42/51 91 48
E-Mail: tourist-info@tettnang.de
▶ Apr.–Okt., Führungen um 10.30, 14.30 und 16.00 Uhr
www.bodenseemuseen.org
www.schloesser-magazin.de